從零開始賺一億⁴

━━━ 跟著捷運建設投資，最後上車機會 ━━━

U0002953

億萬房產集團創辦人
呂原富──著

目次

我又來分享了，這回你願意跟上嗎？

億萬房產集團創辦人／呂原富

2015 年 4 月，我的第一本書問世。分享了我如何從一個負債累累的 29 歲青年，在短短六年後成為億萬富翁。我也無私傳授了如何透過房地產致富的心法與訣竅。當時我就誠心呼籲，想要追求成功的人可以加入我們團隊，我們可以有效率帶你加快致富的腳步。

2016 年 9 月，我的第二本書誕生。我再次邀請所有認為自己「不可能」買屋的朋友，相信我們的專業，我們可以讓你在五年內成為千萬富翁。從那年開始到現在，隨著我們的事業更加茁壯，由桃園在地房仲公司轉

型為格局更寬廣的億萬房產集團，我們也已幫助成千上百的朋友成功投資房地產圓夢。

2019 年 5 月，隨著第三本書的推出，這時候我們已經擁有更強大的團隊，並且在全省北、中、南演講超過1500 場，傳遞如何致富的理念，啟發了許多年輕人願意勇敢追夢，也幫助很多的家庭，找到正確投資方法獲得財富，也獲致更大的幸福。

🏠 堅守承諾，我說過的願景都一一實現

這五、六年來我總是不厭其煩，也絕不藏私，把經過我實際驗證也包括我親自帶領上千人獲致成功的投資方法，從北到南苦口婆心的宣講，並且我也承諾，我已建置一個專業團隊，可以透過一條龍式的服務，協助不同經濟狀況的朋友，找到最適合的投資物件，以及建立一套掌握財富、改善人生的築夢藍圖。

所有的承諾，你都可以在我出版的書裡找到，一切

公開透明；所有的致富原理、買屋訣竅，我也不會私藏一手。

我說過要幫助人們圓夢，我就真的做到，一年四季，幾乎天天從清晨到深夜不懈怠的付出，我們團隊也日益茁壯，每個加入我們團隊買屋、賣屋的人，背後都擁有超過 300 個以上專家的協助。

我說過我最看好的投資地段就是桃園市，特別是桃園區。這件事我說了超過五年，實際上，大家也可以看到桃園真的很明顯變得更繁榮，當初聽我的建議而加入投資買屋團隊的朋友，許多都已賺了不只一間、兩間房子，他們早已財富倍增，不只自己的人生煥然一新，也嘉惠他的所有家人親友。

到了今天，我依然再次呼籲，曾經錯過進場時機的朋友，不要擔心自己來不及，漲勢仍持續著，未來至少還有七、八年的榮景。然而這回請不要再猶豫觀望了，要知道，每晚個一年，落後的財富差距不是等差級數，

而是倍數差距。朋友們真的要把握青春，趁早搭上財富的列車。

我說過我要演講助人，我說過我要投入公益，我說過我要創立臺灣第一個一條龍式的專業房地產服務。

我說的都實現了。我不只願意持續演講發表我的願景，也真正用白紙黑字、透過出版，讓全球華人都看到我的理念。

🏠 未來的展望，這一波你不要再錯過

從 2015 年到現在，六年過去了。一切如我所預期，桃園的捷運及重大建設持續動工，我們眼看著捷運沿線越來越繁榮，房產價值也以每月都感受得到的速度穩定增值中。

不是我有預言能力，我的所有分享都是基於踏實的第一線實務，我親自參與所有房地產各環節的流程，累積十多年的豐富經驗。我生長在桃園這塊土地，了解這

裡的成長模式，以及未來的種種發展可能。我說過的話正一一應驗著，而我也持續對還在觀望的朋友們呼籲：

不要再自我懷疑「我可以買屋嗎？」、「我會不會繳不起房貸？」……，任何的問題，我們都有專業團隊協助你，為你做諮商。如果真的評估現階段暫時不適合，我們也會誠實以告，並與你保持聯繫，輔導你如何累積第一桶金，然後一步一步投資圓夢。

許多人把房子買賣這件事看得太難，請不要預設立場，歡迎先來聽我們的課，以及跟上我們的業務團隊。你會了解，未來當你決定投資房地產圓夢，從買屋、租屋、裝修、稅務乃至於最終的投資獲利，任何一道步驟，你都不會孤獨，甚至根本不需要操任何心，該做的事都有專人為你做得好好的。

所謂樹大招風，隨著團隊規模越來越大，我們的實力雄壯蓬勃，影響力越大，也越來越動見觀瞻，多年來，我們承受各類的批評攻訐，以及某些媒體的不實報

導指控。然而事實勝於雄辯，我們的成績有目共睹：

- 過往六年，億萬房產集團員工人數已成長至 300 多人。
- 每月持續舉辦的教學講座，累計會員已超過 4500 人。
- 已有超過 2000 位會員正式踏入投資領域。
- 集團的年營收超過 4 億元，成長幅度達 328％。
- 集團經營朝更多角化經營，包括 2020 年剛投資成立了影視事業——億萬之星，我們邀請知名藝人、同時也是導演的小彬彬擔任 CEO，全新的事業正在拓展中。

　如果不是真的可以改變人生、帶來致富，為何有那麼多人願意加入團隊？時間證明一切，不論從事業經營端，或是從會員實際財富成長端，都可以看到我們真的做到讓你的夢想成真。

　如今，億萬房產集團不僅僅是第一，也是唯一。放

眼全臺灣，再沒有任何一個房產集團，可以提供 300 個夥伴做你投資房地產的助力。

在本書，我們將這些年來累積的更多投資經驗，以精華整合的方式，邀請億萬房產團隊的幾位菁英代表，分別從年輕人的正確心態、投資基本觀念、桃園房地產分析以及案例分享等角度，讓讀者們可以透過本書綜觀全局，對房地產投資有更清楚的擘畫藍圖。

這些菁英包含億萬房產集團旗下的事業經營顧問、投資分析專家、冠軍店長、專業講師 leader，以及做為年輕人代表的業務楷模，相信不論讀者對於房地產投資有什麼問題，他們的分享都可以為你解惑。

最後我還是要再次呼籲，請讀者們千萬要把握投資致富的機會。

2015 年那一次，你可能尚未聽過呂原富的名字，所以沒有行動。

2016 年那一次，你可能還在觀望考慮，所以也沒有

加入。

2019 年，我們再次邀請，事實證明，桃園房地產價值持續增值中，那時你仍然猶豫不決。

那麼，現在經過了那麼多成功驗證，你真的要把握這一次機會了。

我從幾年前就立下目標，要幫助超過 1 萬人藉由投資房地產達到財富自由。如今目標也一步步實現，現在已幫助超過 4000 人了。未來六至八年，希望你也是這些圓夢者其中的一位。

讓我們一起努力、一起成長，買屋致富，為自己的人生喝采。

Part 1

投資地段篇

主述者:億萬房產集團顧問/周吉元

主述者簡介

由金融圈轉戰房地產的專業投資達人,過往在
投顧證券領域戰績斐然,曾獲得期權冠軍,有
著高聲望,為許多客戶帶來豐厚報酬。即便如
此,周顧問最終發現,比較起來,房地產投資才
是更佳選擇。如今結合多年累積的投資觀念和
實戰經驗,轉而在房地產領域助人致富,成績
更加亮眼,能協助會員們找到資產翻倍的契
機,是他樂此不疲的投資大業。

努力上進，是一代又一代的父母教導孩子的格言。曾祖父時代，以「龜兔賽跑」的寓言教導晚輩不要偷懶，有恆心毅力者終究會到達終點；祖父時代，以臺灣精神為激勵，提著一卡皮箱不畏艱難世界走透透，就能成就事業及財富霸業。

然而世界變了，節奏變得更快更複雜，人際關係也變了，線上交流大幅取代舟車勞頓的面對面。關於如何致富，心態也要與時俱進。

這時代的金玉良言：「**選擇，比努力重要。**」

今天我們想要追求理財的境界，就讓我們先來談談「選擇」。以投資致富為目標，我們分兩個階段來談選擇。第一個部分，選擇對的投資工具；第二個部分，將對的投資工具用在正確的地方。

Chapter 1

積極投資的信念，
也需搭配正確的投資工具

　　很早以前我就經由與前輩學習，認識到這世界是不公平的，那些最有錢有勢的人，經常都不是最認真、最辛苦的人。

　　那些有錢的人卻也絕非不勞而獲，他們一樣做事合情合法合理，擁有金錢後，也同樣可以幫助以及影響更多人。

　　重點在於他們比一般人更能掌握到：與其靠勞力辛苦賺一份錢，不如透過理財的機制，讓自己擁有數倍獲利的可能。

🏠 金融商品值得投資嗎？

提起理財，大家最常聯想到的投資工具是什麼呢？可能是股票吧！臺灣過往曾經歷「全民皆股民」的時代，我也在那樣的時代，靠著專業成為這一行的菁英。

以我自身來說，我的確曾在股票及期貨領域，讓自己以及客戶賺到許多錢。

然而，在這個市場，這個月賺錢就代表下月也會賺錢嗎？那可未必。其中有很多就連號稱專家也無法掌控的因素，這無關個人理財技術，也無關運用什麼大師的工具做預測分析判斷。

許多時候，某甲的致富操盤模式應用在某乙身上，卻是大賠一筆，沒有一定的規律。說實在的，投資難以預測，這本就是股票、期貨這類投資工具的本質，無關能力好壞與選股對錯。

就讓我們從「結果」來看吧！在股市服務多年，讓我可以真正看到第一線投資人的獲利狀況，然後一個千

真萬確的事實就是：以結果來看，90％以上的投資人，最後盤點投報時，其實都是賠的。

可是明明臺灣經濟持續飛升，過往上市公司的財報也都數字亮麗，為何股民沒賺到錢呢？這正應驗了一句話：「世事豈能盡如人意？」

可能長期來看，趨勢是漲的，但過程中一定有漲有跌，問題是股民受得了那種震盪壓力嗎？受不了的人還沒獲利就已出場。

就算最終真的大漲，可能中間下跌的過程裡，有人資金可能就燒完了。或者看到情況不對，趕快認賠殺出，怎料隔天股價就又上漲？自嘲自己還真是股價最後的賣出標準，只要自己賣出，盤勢就翻轉。

就是因為這類情況，所以只有不到10％的人在股海浮沉中，最後能夠順利航行到獲利的彼岸。放眼大部分的投資工具都有類似的情況，股票、權證、期貨、選擇權、基金、外匯保證金……等等，都是如此。

　　而且這跟個性也無必然相關，不論是所謂的冒險型投資人或保守型投資人，可能最終遭遇都一樣。例如有那種抱持「買了就不要賣」的佛系投資人，他們不急不躁，能夠回歸本身生活，不讓盤勢影響心情。

　　直到有一天接到電話，收到晴天霹靂般的消息：某某股已經被減資、某某股已經被打入全額交割股、某某股已經準備下市……

　　怎麼會這樣？但很多時候，就是會這樣。

　　所以即便我本身在金融市場呼風喚雨許多年，但我真正看清，這不是一種穩健可以終身投入的投資領域。

選對 95%勝率的投資工具

　　若是連最親民、號稱菜籃族也可以參與的股市都是如此，更別說是需要較複雜操作技術的期貨、選擇權了，最終能夠獲利出場的人，比例更是少得可憐。

　　如果金融市場並不是穩健累積財富的理財建議，那

麼投資的王道哪裡尋呢？

2012 年，我有幸認識了桃園地區的房地產達人呂原富先生，當年他的房產公司還在起步，公司規模也還很小，但他在房地產投資界的戰果已經名揚四海，被稱為「房市鷹王」。

我這個人是最敬佩英雄的，於是就主動和呂總認識，進而折服於他的清晰投資觀念和認真的做事態度，最後決定加入呂總的團隊，和他一起打拚。

前面我說在金融市場看到的案例，90％的人理財最終結局都賠錢，那麼房地產市場呢？這許多年來，我所見證的發展，正好和金融市場投資相反，以投資型買屋再賣屋來說，竟有超過 95％的案例，結果都是賺錢的。

95％是可以禁得起驗證的數字，實際上，獲利者的比例還要更高，應該說在呂總指導下，在正確的時機於正確的地點投資，幾乎人人都可得到相當的獲利。至於那不到 5％的特例，其實也並非投資工具之罪，往往是

他們本身的財務問題。例如積欠債務或信用擴充太大，最終導致必須售屋償債，他們一來太早出場，二來價格又因急售被大幅壓縮，所以才成為賠錢的特例。

撇開特例不談，就以正規的投資模式來做對比：一邊是勝率不到 10％，並且還因為每天關心盤勢，動輒有什麼風吹草動、美國發布什麼訊息、海峽對岸有什麼動向，心情就跟著起伏，乃至於茶不思飯不想。

就算這樣的窮緊張也無濟於事，以臺灣股市為例，屬於淺碟式經濟，真正主宰盤勢的是跨國大型金主，一般身為小蝦米的股民，根本只是任人宰割。

另一邊則是勝率高達 95％以上，並且過程中不需要經常參與（不需要三天兩頭去看「今日房價」多少），若能適當結合槓桿，那麼不但可以獲利，甚至以投報率來計算，那數字經常高得驚人，動輒 30 ～ 40％以上，遠非其他工具可以比擬。

當然，高報酬的前提還是選對工具也須選對地點，

前面所提的 95％勝率，就是植基於正確的地點選擇。

選擇，真的比努力重要。

工具選對了，接著就一起來探索對的地點。這裡，我們極力推薦的就是**桃園市**。

Chapter 2
進軍桃園房市的基本優勢分析

選擇對的地點有兩個面向：**自住客面向**以及**投資者**面向。

關於自住客面向，像是房子的格局、採光、屋況以及周邊環境等等，這很重要，不論是在哪個城市買房子都一樣，買屋就是要買生活機能佳、離自己工作場域以及孩子念書的校園近、交通往返方便的地點。住家基本條件符合了，再來要看購屋者對房型及社區周邊環境喜不喜歡。

以上是自住客面向，比較起來，以投資者面向來選擇地點，一方面仍要保有「自住客」選屋的眼光，畢竟未來房子很有可能就是賣給自住客。另一方面，更需要

著眼於這個地點的願景。

　　什麼是地點的願景？我們為何要特別推薦桃園市呢？下面我們就同時以兼顧自住客和投資者的角度來做分析。

🏠投資植基實際供需市場考量，而非浪漫的支持

　　要想得到好的結果，就先要仔細想想，怎樣才「值得」那樣的結果？

　　以房地產價值來說，為何我們認定未來的房價可能上漲？為何覺得房地產投報的願景是看好的呢？

　　理論可以很多，但最終決定房價的定律，依然是市場的供需。

　　房地產的「需」，簡單講就是一件事：有足夠多的人口，願意並且很想要來買這地方的房子。以此為基準，我們看房子的願景，要看的幾個重點：

　　1.　本地是否有足夠的人口能撐起繁榮？不只看現

在，更是看未來。

2. 這些人口來自哪裡？他們是過客還是定居？如果是過客，繁榮可能只是表象（後面我們會探討桃園青埔的案例）。如果是定居，那麼他們為何願意在此定居？

3. 為何這些人願意留在這裡，不論是買屋或租屋，這裡有什麼好？這就牽涉到生活機能、工作機會以及交通便利：

   A. 如果生活機能佳，就會形成食、衣、住、行都便利，也就是整體居住方便的聚落。

   B. 如果工作機會多，就會帶來更多的工作人口，這些人不論是否住這裡，都需要消費，就會帶動商業繁榮，直接關聯著生活機能。

   C. 如果交通便利性強，很重要的一點就是擴大生活機能圈的影響範圍，也就是說，原本甲地的生活圈和乙地無關，因為距離太遠。但

結合交通便利的優勢，甲、乙兩地於是有了
關聯，也就是說，有更多人口可以被列入本
地的市場供需考量。

以上三點討論到的優勢，在臺灣北、中、南部都
有，但為何我們特別推薦桃園市（並且主力聚焦在桃園
區）呢？

那是因為：

第一、桃園有以上所列的包含生活機能、工作機會
以及交通便利所帶來的市場需求優勢，其中「交通」這
一項更是我們看好未來十年願景的主因。

第二、最重要的是，明明具備各項優勢，目前房價
相對來說，卻遠低於具備這樣優勢所「值得」的價格。
以美食來比喻，就好像今天我們去王品牛排用餐，卻被
告知每客牛排價格只要 200 元，那當然要趕快把握了。

桃園區房市有剛性需求

當然，優勢不是喊出來的，要有具體的數字做驗證。既然要談數字，我們就以供需的角度，來做數學上可驗證的分析。

※ 供給端角度

房子如同世界上任何被製造出來的產品般，價格訂定首先植基於生產成本。例如生產一張桌子需要多少木料、多少的釘子，加上人工費、機械攤提等等，之後還有桌子在行銷端及通路端所耗費的成本，最終桌子的末端售價一定要比所有成本加起來要高，廠商才有利潤。

同理，一棟建物背後的成本更多、更複雜，而整體來看，每個成本都處在「漲勢」，包括建材漲、原物料漲、工人成本漲以及土地成本漲，就算每年都有打房的聲音，但房價整體來說依然是往上升的，因為建物成本就是那麼高，要跌也很難。

※ 需求端角度

定價的首要考量雖是成本，但最終還是市場說了算。當房子是每戶人家的「必需品」（無論買或租），並且當地點條件那麼好的時候，價格上漲就是必然的。

這裡來看桃園市的桃園區，以 2020 年做為數字結算依據，需求相關數字如下：

1. 桃園市已經連續七年人口淨流入數字呈現正成長。人口是撐起一個地方繁榮度的基準，夠多的人口，就有一定的繁榮。桃園市的人口成長不是短期現象，而是已經長達七年的「趨勢」。

其背後有一個很合邏輯的源頭，那就是來自雙北市的人流，當雙北市居民發現當地房價實在太高，且生活費也難以負荷，自然就以鄰近的桃園為換屋第一選擇。

2. 依據桃園民政局統計，從 2013 年以來，人口淨流入成長的主要流動源，的確就是新北市，包含新莊、板橋、三重等地方。實務上，雙北市的繁榮有一定基礎，

工業、商業都有近乎不可取代的實力。然而在同時間，雙北市的房價早已高到被稱為「年輕人一輩子買不起」的地步。

從數字中可以看到，若想要既享有雙北的工商資源，又想要取得可以負擔得起的居住空間，合理計算，移居桃園自然是最佳的選擇，但這取決於一個重要因子，那就是交通。

3. 桃園這幾年來，人口不斷淨流入，也持續帶動當地繁華，背後兩大關鍵，一個是交通，一個是建設。

這裡先來談交通。桃園原本在交通上就有幾大優勢，包括身為國門的機場位在桃園，以及不論高速公路或鐵道，桃園都是最靠近臺北的大站。而這幾年來，更讓桃園交通紅利滿分的，自然就是如火如荼興建中的捷運系統了。

捷運興建的重點不僅僅在於本身所帶來「點與點」間的交通便利性，而且有一個關鍵的優勢，那就是串連

原本不同的交通平臺，讓臺鐵、高鐵、機場等不同交通模式達到綜效。

以上三個主要的優勢，所衍生出來的後續包含商業發展、生活機能、就業機會，以及所有特點形成的「正循環」效應。

人口多帶動商業發展，商業發展刺激地方建設，地方建設帶來生活便利，這些加起來又讓人口更加成長，最終就形成了桃園房地產的「剛性需求」。

Chapter 3
進軍桃園房市的進階優勢分析

接下來談談什麼叫剛性需求。

簡單來說，剛性需求就是不論大環境景氣是好是壞，都有基本的需求。好比大家常說，一個人就算沒錢，每天還是需要吃飯；或者不論流行風潮偏向長裙、短裙或迷你裙，有條牛仔褲總沒錯。有剛性需求的房子，不論臺灣的經濟成長是提升、衰退或持平，光是基本面的需求就足以撐起一定的房價。

🏠 為何聚焦在桃園區

桃園房市的基本剛性需求，第一是人口，第二是**地方發展**。這二者彼此相關，整個帶起桃園的榮景。

　　雖然這是桃園市的整體發展趨勢，但若以細部分析，又有不同的背景以及相應的願景。因此我們推薦桃園市，但主力焦點放在桃園區，另外還有以桃園區為中心點的周邊地區。

　　被選為主力焦點的關鍵，就是**捷運綠線**。

　　前面提到桃園市人口淨流入的數字不斷成長，一個很重要原因就是交通便利，而這些交通紅利，主要集中在桃園區，例如即便目前捷運綠線尚在興建中，但光以藝文特區為例，這裡已有非常便捷的公車體系，藉由高速公路連結，北桃間車程只要大約 40 分鐘。甚至比住在臺北市郊區，上班時間趕往臺北市中心上班的時間還快。如今加上捷運綠線，更讓交通便利性如虎添翼。

　　捷運綠線總長 27.8 公里，從起站到終點轉乘站，一共經過四個行政區，依序是八德區、桃園區、蘆竹區以及大園區，其衍生效應則涵蓋大溪區以及中壢區。然而，雖然行經這些區域，我們卻不會說：「凡捷運走過

必定繁華。」因為事實上並非如此。

捷運綠線絕對是房價的支撐優勢之一，但其能帶來的效果必須搭配其他條件，包含人口、商圈及未來重大建設計畫等等。臺灣有幾個城市都有捷運，包含臺北、新北、臺中、高雄等，但帶來的後續房價影響程度卻不相同，也並非每個捷運經過的地方，都是我們推薦買屋的地段。

為何我們最推薦的是桃園區？這裡我們就來進一步分析，看看桃園區的剛性需求是多麼的穩固。

1. 人口密度高，商業模式早已形成

桃園區就是以前尚未升格前的桃園市。

這裡原本就是北臺灣的重要人口聚落，只不過過往的繁榮中心是桃園火車站附近，如今發展重心已經轉到中正路藝文特區一帶。

必須說明的是，人口密度高不一定百分之百和房

市願景有正相關，還必須搭配其他要件。例如新竹科學園區有高人口密度，高雄工業區有高人口密度，但這些人口密度背後代表的意義並不相同。有的人口密度代表商業繁華，有的則只是「就業人口」高度密集，性質不同，代表的房市願景也就不同。

單單以桃園區本身來說，若將桃園火車站商圈以及藝文特區商圈來比較，二者房價分析起來結果也不同，這點稍後捷運分站介紹時會再說明。

2. 重大建設一一落實

重大建設很重要，事實上，一個大有為的政府最讓人民生活有感的，除了基礎建設以及民生保障外，就是預期能帶來經濟繁榮的重大建設。只不過所謂重大建設包含兩類，一類是「紙上談兵」的，包含歷任政府總會喊出的「X大建設」、「X大願景」、「XX建設藍圖」等等，紙上談兵不一定會成真，成真的也不一定跟原本

說的一樣，經常就是政黨輪替，建設藍圖也被變更。

　　另一類是真的將紙上談兵落實的，也就是「可以被看見」的，或者至少在法律上已經被公告落實，不太會被變更的。

　　最典型的例子就是桃園捷運綠線，這是已經「興建中」的事實。但我們談桃園區，除了談捷運外，這裡還要介紹其他建設，包含以藝文特區為核心陸續拓展的周邊商圈，這地區將會有影城、商城，還有圖書館總館等等，並且都已經在「進行中」，這才是做為買房剛性需求背後的另一重要支撐。

🏠 關於重大建設的迷思

　　前面談了建設。這裡要特別針對「重大建設」做說明，因為過往以來，有種房地產投資迷思，以為某個地方有重大建設，就代表未來一定會房市大漲。

　　其實，重大建設或投資案會帶來房市正面影響，這

點是確認的。重點是：影響多大？

　　舉例來說，假定某一天台積電開記者會宣布將在苗栗縣某個偏鄉興建一個新廠房，那對該偏鄉絕對是重大利多，並且可以預期這個投資會提供上萬個工作機會。那麼，接著就可以做出結論，在周邊買房地產一定大漲嗎？其實這是有待商榷的。

1. 重大建設或投資不只看金額，也要看後續影響性

　　當一個重大商圈建立，會帶來人潮。但科技大廠的設立，則只是帶來就業機會，而這些新的就業人口撐起的需求，力道並不一定可以撐起房價。就算新聘員工一萬人，這一萬人中真正需要買屋的畢竟有限。

　　但如果說台積電不僅僅自己設廠，並且要帶動周邊供應鏈一起投入，成立一個科技園區的概念，那樣的話，的確會帶來更多買屋需求，當然後續仍需配合商圈規劃，等建立出生活機能空間，那樣才能帶動房價。

2. 重大建設仍需植基於在地原本房價

　　這裡以新竹為例，如果新廠房預計建在科學園區周邊，然而當地原本的房價已位在高點，那麼就算是後續有重大投資的利多，也難以再撐起太多房價漲幅。

　　畢竟，買房子要付貸款，付貸款要有資金實力，就算竹科工程師有夠高的收入，也不一定代表他願意負擔高房價。如果房價過高，那還不如開車到遠一點的新竹市區，甚或周邊寶山區置產比較划算。

3. 重大建設更需搭配生活機能

　　這裡來談一個這些年來討論度頗高的房地產案例，也就是同樣位於桃園，2020 年因為 Xpark 再度掀起話題的桃園青埔地區。當年會被列為話題，一方面是因為青埔正是高鐵桃園站所在地，二方面更因為有「重大建設」要興建。

　　實務上，重大建設也真的完成了，這就是「置地廣

場桃園」，包含前面所說的 2020 年最夯話題之一——全臺最大水族館「Xpark」，還可連結周邊商圈 Outlet 華泰名品城等等。表面上看「生活機能」有了，實務上，這裡的商圈又跟桃園藝文特區性質截然不同。

簡單來說，桃園藝文特區是一個穩固形成的完整生活商圈，包含學校、醫院、交通、購物、休閒……，所有機能統統都有，青埔區卻是從一片荒蕪中所蓋起來，雖說有新商圈，但其實依然是「點」的概念，尚未構成一個「面」。Outlet 雖好，但一般家庭主婦不可能一天到晚去 Outlet 購物，就算貴婦這樣也花費太大。

另外，水族館雖美，但也不會有人因為「想住在水族館旁邊」，就特地在此購屋。並且，這裡的商圈話題性越大，反倒對在地居民來說，未蒙其利先受其害，每當假日這裡交通就大打結，大大降低這裡的生活品質。

而一個更大的致命傷，就是這裡的房價已經大幅攀高。過往因為青埔區發展議題已經吸引一波投資熱潮，

帶來的負面效應，就是當時已經把房價炒得過高。當後來開始有住戶進駐，發現這裡晚上其實是空城，後悔之餘想出售，卻發現過高的房價，導致已很難找到下一手承接者。當賣壓湧現，房價自然被迫下修。

很多投資客也在這樣的賣壓中，由於擔心未來被套牢，不得不賠售賣屋，即便到今天，房價已經由當年最高點下跌了一波，但和真正繁榮的桃園市區比起來，這裡依然房價偏高。

當然，青埔區還在發展中，未來會如何，專家仍有不同建議。但基本上，這不是逢低買進的最適地點，這是確定的。

🏠土地重劃區就能帶來繁榮嗎

關於重大建設，這裡也要進一步補充說明，我們如今都可以看到許多地方，不同城市都嚷著要土地開發，當政者提出一項又一項的重大建設，常見的一個名詞叫

做「**土地開發重劃**」。

　　所謂重劃，就代表「從零開始」。雖然世界上每個城市都是從零開始，但大部分都是「逐步累積」，重劃則是快轉「滄海變桑田」的節奏，讓一片荒地短期內化為商圈的概念。

　　這樣的案例有失敗也有成功，最成功的案例自然就是臺北市信義計畫區，那是因為臺北市是首善之都，本來就有較多人口及較高消費力做支撐，但若是某個位在二、三級城市的土地重劃，往往不一定保證帶來繁榮。

　　舉例來說，今天如果是雲林某個偏鄉要做出「重大建設」，打造土地開發重劃區，那會帶來當地房價上漲嗎？當然也會，只不過所謂上漲的比較基數，是和雲林縣其他鄉村比，而這類土地重劃背後，可以支撐的人口數也很難樂觀。

　　但往往建商推案時，會大肆宣傳重劃區的願景，如前所述，重大建設本身可能是真的，但重點還是「周邊

搭配」，否則就算蓋一座迪士尼樂園，也只能吸引觀光客，不一定能吸引定居者。然而若有人被建商的美麗藍圖吸引入住，最大的煩惱恐怕就是「價格錯估」。

　　當一個地方沒有實質剛性需求支撐，而只靠著被勾勒出來的美麗藍圖把房價拉抬上去，那樣就很容易遇上泡沫化的慘劇。

　　這類的情況在各地已經發生太多案例，諸如大臺北地區的淡水、新莊都有類似情形。不是說在地環境不好，只是當地房子並沒有「值得」那麼高的房價，這一點也是大家買屋時要格外注意的。

Chapter 4
桃園綠捷沿線建設及投資利弊分析

整體來看，桃園市植基於捷運興建，加上原本的人口以及建設優勢，對房市來說是重大利多，但所謂利多，依然是有地區性。綜合前面的論述，讀者們可以聚焦兩個重點：

1. 交通結合人口和商圈的綜效。
2. 該地區原本的房價。

以上二者缺一不可。

從交通結合人口和商圈綜效的角度看，以桃園來說，若捷運路線未經過的地區，並非這波建議投資的地

點。而捷運路線經過，但人口和商圈綜效不足，雖然仍有利多，其優勢就非常有限。

　　從該地區原本的房價的角度看，必須具體拿出相鄰地區房價做比較。例如桃園市中壢區雖然也有捷運行經，而且本來就是桃園區的重要交通樞紐，但相對來說，該地區房價已經漲到每坪 3、40 萬元的高點，甚至相當於新北市的房價，這樣投資獲利的空間就非常少。

　　接著，我們就以前述兩個重點為評量依據，具體來看捷運綠線。

🏠 重點推薦區：桃園區（G10 ～ G12）

　　桃園區，也就是升格前的桃園市。以捷運綠線來看，從 G5 到 G12 都是位在桃園區，其中第一優選就是 G10、G11、G12 所在區。

　　這裡的優勢非常明顯：

　　1.　就地理上來說，這裡鄰近雙北地區，有便利的

　　路網，已經和雙北聯結成一個北北桃大生活圈。

2. 就行政上來說，這裡已經是桃園的蛋黃區。相對來說，從前的蛋黃區，也就是捷運 G7、G8 所在，已經因建物老舊而非繁華中心了。

3. 在機能上，既然是蛋黃區，這裡正是集桃園商業發展精華所在。原本這裡就是桃園的重要生活圈，加上陸續拓展的種種建設，遠景可期。

4. 最後在價格上，這點非常重要，明明這個區域擁有諸多優勢，不論以居住品質、交通便利等各項條件評估都不輸新北地區，甚至比大部分新北市的環境都還優質，但目前的房價卻只有新北地區一般房價的一半。

　　綜合來看，桃園區，特別是藝文展演中心一帶，也就是綠捷 G10 到 G12 一帶，現在條件就已經很優，而未來願景還會更佳。這裡不僅僅有藝文展演中心，以「生

命樹」概念為主軸的桃園圖書總館及電影院,也預定於
2021 年底完工營運,未來勢必會在桃園市立圖書館新建
總館完工後,串連藝文特區的多功能展演中心,肩負展
演、商業、文化與休閒活動等多種元素,讓本地住民享
受最佳的生活品質。

🏠 周邊次佳選擇:八德區(G1 ～ G2)

買屋需要預算,特別是對年輕人或家庭人口多、負
擔較大的住戶來說,雖然看中桃園藝文特區的願景,但
經濟能力尚不足,無法投資桃園現在的蛋黃區,依然有
次佳的選擇,就是綠捷 G1 ～ G2,也就是八德區一帶。

在升格直轄市前,八德原本就已是桃園縣最繁榮的
行政區,事實上,身為桃園臺地與臺北盆地的門戶,八
德區的人口密度是桃園市第二高的,使得該地區擁有人
口及交通優勢。雖然在建設發展方面,這裡和桃園區仍
有段差距,但是這區的房價相對來說依然偏低。

　　以長遠來看，G1 ～ G2 一帶，也就是八德擴大重劃區，交通往上銜接新北土城捷運永寧站，往下通往桃園中壢以及機場連絡道路，在政府規劃端，這裡也將逐步興建非營利幼兒園、公托中心及青少年活動中心等，對於原本居住新北市的年輕夫妻來說，其實有一定的吸引力，這裡也是我們預期未來看漲的地區。

　　簡單說，本區有剛性需求，但房價很多都仍在一字頭（每坪 10 幾萬元），是低價進場的好選擇。

🏠 周邊第三選擇：桃園區（G7 ～ G9）

　　如果說 G10 ～ G12 是現在桃園的蛋黃區，那麼綠捷 G7 ～ G9 就是舊的蛋黃區，也就是桃園舊火車站一帶。

　　說是舊火車站，其實並沒有新、舊桃園火車站之分，「舊」指的是該地帶給大家的印象。原本火車站所在地，應該是一個城市最繁華的地方，關鍵在於是否有長期建設開發的規劃。以桃園市來說，曾經過往的市中

心，如今屋齡普遍都已經三、四十年以上，這裡不折不扣已經變成「老」城區。

既然原本曾是市中心，所以這裡不論在人口密度和基本生活機能方面，還是有相當實力的。未來若搭配政府都市更新計畫，依然有發展前景。特別是 G7 所在地，將來若三鐵共構，那麼再怎樣房價也一定有個基本面。

所謂三鐵，包含捷運綠線、棕線以及臺鐵，雖然交通保證便利，但以房地產投資來看，屋齡太舊比較不是好的選擇。此外，這裡原本是桃園最繁華的地段，同時也是房價相對較高的地方。

因此，若以同樣的預算來看，還不如在藝文特區購買更新、更美、環境也更好的房子。

外溢效應選擇：G3 ～ G6

顧名思義，前面所列的捷運沿線優質重要大站，特別是 G10 ～ G12 是投資優選，此外，G7 ～ G9 則考量到

未來若都更，也會有一定願景。相較來說，這個區段以外的捷運路線，則是看中「外溢效果」，也就是說，假定 A、B、C 三地有地緣關係，那麼 A 地和 C 地發達了，B 地多少也被雨露均霑一下。

目前來看，G03、G05、G06 附近沒有什麼重大建設，除了原有地緣性居住外，還必須有賴整體捷運帶來的桃園地區繁榮，藉由擴散效應吸引外來人口居住。

G4 的部分則有廣豐商圈及影城的進駐，對雙北換屋族依然有一定程度的吸引力。是否有更好的遠景，還需觀察臺北捷運規劃，若未來臺北捷運的三鶯線落實，且依原定計畫，將與桃捷綠線 G4 站銜接，那麼肯定會對在地房價有正面影響。

以上簡單針對桃園綠捷沿線做分析。這些都是「**現在進行式**」，所以有逢低買進的空間，若等到一切繁華落定，後知後覺者就難以取得投資的成長紅利。

關於時間差，下一章我們將做進一步說明。

Chapter 5

投資桃園房地產總體分析

　　回歸到投資面，為何我們大力推薦投資桃園捷運綠
線沿線是最佳選擇，並且「放眼全臺灣」，我們就是以
這裡為第一選擇？

　　重點還是回歸市場。市場法則，需求大於供給，那
麼價格就會提升。前面我們已經用相當的篇幅證明了為
何這裡「需求大於供給」，此外，這裡還有一個令投資
人最夢寐以求的「時間差」，也就是我們明明看到在市
場法則下，這裡理當具備一定的房市行情，但目前市價
卻遠低於那個行情。

　　那就好像有人搭著時光機飛到未來，看到在未來這
地區的房價已漲到了每坪 4、50 萬元，但回到現代，目

前房價卻還只有 20 幾萬元，那當然要快點投資。雖然我們並不真的擁有時光機，但我們有的是合理的分析驗證，前面我們分別結合交通、人口、建設發展找到宏觀視野，而做為房價行情比較基準的，則是做為近鄰的雙北市，甚至包括同樣位在桃園市的中壢區。

　　地理上以鄰近的中壢來看，我們知道中壢區目前房價已經坐三望四（每坪接近 40 萬元），但我們不論從交通便利性、都市發展性或者從環境品質等多元角度做比較，桃園區，特別是捷運綠線的 G10 ～ G12 一帶，已經明顯比中壢區更具競爭優勢，可是目藝文特區的房價尚比中壢區低一截。

　　而以地理上稍遠的新北市來看，我們知道新北市的新莊、三重、板橋等地區，房價都已在四字頭以上，反觀桃園區透過便捷交通以及建設，真正打造出擁有這些過往臺北衛星城市的優勢，那麼預測藝文特區這邊的價格將會後來居上，並非不可能。

　　總結來看，捷運建設若能結合地方發展，形成一個居住的優質的選擇，那麼就肯定會帶來人口的淨流入，並且這樣的事情已經發生。畢竟，對於預估有數十萬以上，想要以「時間換取空間」原本住在雙北市的人，他們只需多花一點點交通時間，卻可以換到空間較大的住屋，那麼，捷運綠線沿線真的是夢幻般的選擇。

　　這裡也再補充幾點，在桃園投資房地產的優點：

1. 禁得起大環境的考驗

　　所謂考驗，這裡指的不是「預期會發生」的未來挑戰，而是已經發生了，但經事實證明，桃園房市可以禁得起的考驗。

　　最近的考驗就是 2020 年，全球最大的黑天鵝——新冠肺炎疫情，當全世界經濟都被打趴，很多產業應聲而倒。但在同一年，房地產發生什麼事呢？當其他金融投資工具有的慘跌、有的波動起伏巨大，臺灣的房地產卻

依然平穩，而桃園地區的房價更是持續看漲。

　　至於過往的考驗，我們回推過往歷史，不論是 SARS 風暴、金融海嘯，也不論是經濟循環有好有壞，桃園區房價整個來看，都依然朝增值的方向發展。

2. 屋主利於不敗之地

　　當碰到大環境的負面衝擊時，有的股票投資人斷頭殺出，有人做生意不幸事業破產，投資血本無歸。但同樣的資金若是放在房地產，投資人就比較不受影響。

　　例如當市場不景氣，好比說 2020 年受全球疫情影響，上班族有人慘遭裁員，或者被迫共體時艱，減薪或休無薪假；餐飲業等場所也因應人流大減，不得不採取特惠措施。

　　但在同時間，卻少有聽說房租行情下修的，除非是承作商業區店面出租的業者，否則以一般住家型出租，不論景氣是好是壞，屋主都依然收得到原本的房租，且

長年來看，房租只會漲不會跌。以桃園來說，這裡人口眾多，租屋市場更是始終都呈現穩定成長狀態。

3. 屬於自住者的屬性

在房地產市場中，買屋的人一般有兩種，亦即自住客和投資客。我們推薦的桃園地區房地產，主要是以投資角度切入，但以長遠的住戶性質來看，基本上仍是以自住客為主。

在臺灣其他地區，特別是所謂的新開發區，經常會碰到的情況是，進場的人以投資屬性為主，甚至高達九成都是投資客。這會造成一種情況，房子預期的下一手承接人也多半都是投資客，由於當地根本尚無居住生活圈，結果白天看起來美輪美奐的大樓，晚上放眼一看卻像是鬼城，根本沒幾戶點燈。

這種沒有剛性需求支撐的房地產，價格往往是被哄抬起來的假象，一旦碰到金融危機，當投資人本身的資

金出現問題時，口袋淺的投資客只好被迫低價求售，後續就會碰上骨牌效應般的跌價潮。

所以再次強調，剛性需求才是王道，而本書推薦的桃園捷運綠線，特別是 G10 ～ G12 就是擁有剛性需求。

最後，就以兩個「事實」來做本篇的結尾。

事實一：

北、北、桃一小時生活圈，不是未來願景，而是現在進行式。差別只在於本來就已經很便利的交通設施，未來還會更便利。比起新北的某些地區，桃園區往返臺北市的交通甚至更為便捷。

事實二：

截至 2020 年，興建中的捷運綠線沿線，在桃園藝文特區一帶，房價行情依然是站在二字頭，但已逐漸向坐二望三邁進，稍遠的地方甚至還找得到一字頭的物件。

　　我們沒有時光機，也沒有看見未來的水晶球。但就本篇的總體分析，相信讀者們都一定可以清楚看見，比較起各類投資工具，投資房地產是最佳選擇，而投資桃園區則是最佳選擇中的最優選擇。

　　時間會證明一切，越早投入，獲利越多。

Part 2

年輕立志篇

年輕人可以買屋，並且一定要買屋

主述者：億萬房產集團經理／呂玟德

主述者簡介

億萬房產集團的業績王，也是帶領團隊各個成為業績
好手的冠軍店長。25 歲進入房地產，跟著呂總學習，
33 歲時已擁有 16 間房子，年收入破千萬。

因為幫助許多人圓夢，朋友遍布各行各業，包含
影視藝人、政治人物等。呂玟德年輕時候，是個
學歷不高、甚至是不被看好的青年，但呂原富
總經理慧眼識英雄，親自教導呂玟德房地產各
項實務，他也樂意以他的例子見證任何人都可
以改變，每個年輕人都可以成功致富。

時間，是人生最重要但往往也最容易被忽略的寶藏。

許多年輕人總愛抱怨沒錢、沒經歷、沒背景，什麼都沒有，靠著 22K 的死薪水，人生怎麼可能突破？實際上，年輕人擁有的最大寶藏，並且是無可取代的寶藏，那就是時間。

如同種子，只要種下一顆對的種子，經過相當的「時間」，就會長成不同用途的東西。

種下對的心態，長成一個健康成熟的人；種下對的理財模式，長成一個富有的人。一個中老年人，可能終於悟到了人生道理，但可惜他們已經沒了「時間」；相對來說，年輕人別說自己什麼都沒有，其實只要有「時間」，未來就擁有任何的可能。

投資房地產，絕非不可能的事，對年輕人來說，「時間」這項優勢，用來投資房地產正是最佳選擇。當然，這裡並非說中壯年人就沒救了，任何正確的事，只要即知即行，在人生路途上都有其一定優勢。

本篇聚焦於年輕人，但背後道理適用於任何年齡層的朋友。只要選擇對了，種子一定會開花結果。

Chapter 6

改變我人生最重要的轉折：做對選擇

　　在介紹房地產理財前，先來講講我自己。並不是要讓讀者了解我有多厲害，相反的，我是要讓大家知道我曾經有多糟。然而，當我後來做對了選擇，30 歲不到就達到所謂「五子登科」的境界。

　　一般來說，五子登科裡，金子和妻子被排在最重要前兩名，有了金子，車子就不是問題；有了妻子也會有了孩子，最終賺大錢買到房子。但我想藉由我的故事表述，若要做正確的選擇，以五子登科來說，房子反倒是第一重要關鍵，甚至影響到妻子、孩子、金子與車子。

🏠 曾經我也是年少輕狂

我，呂玟德，16 歲就已經休學，在少年時代，警察局是我常去報到的地方。

我的家境其實還好，父親經營資源回收場，也算自家的事業，母親在紡織廠上班，這並非什麼「自幼家貧」那類的悲傷故事。然而，讓我年紀輕輕就自暴自棄的，是因為對生活的茫然。原本我最擅長的項目是體育，並且打算以此為生涯規劃。然而卻不幸因為一次的運動傷害，讓我前往運動家之路的夢想被狠狠中斷。

當時高二的我不愛念書，也不知該做什麼，徒留滿腹的憤恨不滿，於是我變成了不良少年，逞凶鬥狠，傳說中那些小混混們會做的事，圍事、討債等我大概都幹過。反正路越走越歪，別說什麼理財投資、人生抱負之類的，那時的我連是否有明天都不確定。

感恩人生總有貴人，年少無知的我，不可能知道怎樣做選擇，所以上天派了貴人幫我做指引。那時我已滿

18 歲，是國家規定必須服兵役的年紀，也因此暫時遠離
了那種是是非非的生活。在軍中，我有幸認識了一位準
律師，他讓我看到另一種比較「正常」的人生，而且他
在我腦海裡種下一個思維種子，讓我開始去思考正確的
金錢觀。

　　退伍後，我沒有重回舊時不務正業的老路，而是穿
起西裝、打起領帶，一腳踏入房地產買賣領域。但一開
始的發展，卻以慘賠收場。

🏠 正確的投資項目，要搭配正確的做法

　　選擇，很重要。選擇不是單指項目，大部分時候，
項目沒有對錯。例如有人投資股票賺錢，有人投資股票
賠錢；有人開店生意越做越大，有人開店半年就不堪虧
損倒店。股票沒錯，生意也沒錯，是人的選擇錯。

　　本章我們不只談大的投資項目選擇，也要談更細項
的類型選擇。

　　我退伍後就投入房地產事業，如同各種事業般，我不會說做房地產事業「穩賺」，事實上，我當時就是賠錢，並且是慘賠。那時我根本沒有事先做什麼研究，也尚未認識呂總。只看見很多有錢人快速致富關鍵都跟房地產有關，就自己也下海買屋。

　　然而，不了解背後原理就做的投資，不折不扣就是「瞎買瞎賣」，就算賺到也是矇到的。當年剛好臺灣景氣大好，導致銀行資金寬鬆，借錢也沒太嚴格的審核，甚至在桃園地區，一個人只要手頭上有個 5 萬、10 萬元，不需什麼很好的工作條件，就能輕鬆買到房子。

　　並非「買到」房子就叫理財投資，要「買對」房子才叫理財投資。

　　當年我並非在好的價格點買房，也沒有慎選物件，加上當時的銀行貸款利率跟現在比高很多，結果就是我

在沒評估好財務規劃的狀況下，就已背負著令人喘不過氣的房貸，那時房屋買賣全部依賴房仲的片面之言，最終靠賠售才避免被套牢的命運。

所幸這一局我雖然賠很慘，但我並沒有「一朝被蛇咬，十年怕草繩」，畢竟我還是相信房地產投資這條路是正確的路，只是我過往投資的方式不對。

直到後來有幸遇到呂總，我也加入了億萬房產集團，八年內我的人生大大的翻轉，從當年那個一無是處的小夥子，後來靠房地產投資累計了千萬資產，自己和家人朋友這段時間已投資 16 間房子。我在事業上的成就，讓我受邀擔任集團的指導講師，也曾被國內重量級媒體專訪。

真正的買屋賣屋不是「買了」就好，而是要先買對地方。只要選擇對了，即使就算年輕人，也可以很早就打下一生的財務基礎。

Chapter 7

關於人生的「早知道」

每當提起「富翁」，大家總愛講到的一個詞就是「百萬富翁」，那也因為在英文裡，「Millionaire」就被當成有錢的代名詞，因此不論歐美國家或東方國家，始終都有以「百萬富翁」為名的致富主題節目。

但「百萬」是什麼意思？百萬若結合房地產，就能彰顯不同時代的不同金錢意義。

三十年前，擁有新臺幣 100 萬元，足以買一間樓。

二十年前，擁有新臺幣 100 萬元，只夠買半間房。

十年前，擁有新臺幣 100 萬元，剛好當做買屋的頭期款。

到了現在，擁有新臺幣 100 萬元，在大臺北地區連

一間廁所都買不到。

所以，「時間」很重要。

🏠 如何把握時間，超前部署

在本書進行的這年，臺灣開始出現一個流行語詞，叫做「**超前部署**」。超前部署，就是結合「預言」，讓自己提早有所做為，也就是讓自己「早知道」。

例如有人會說，如果「早知道」房地產增值力道那麼大，幾十年前一有錢就趕快買房子，現在肯定已是千萬富翁。「時間」在現代依然很重要，如果現在不把握時間掌握趨勢，十年後你依然會回首說「早知道」。

倒不是說現在有錢趕快投入房地產，三十年後就可以賺十倍，因為以臺灣來說，大部分城市的房價已經漲上來了，想要再現「早知道」的榮景，機率不高。然而還是有些地方具備「時間」優勢，其中桃園就是最典型的例子。

　　想要一、二十年後回過頭來不後悔今天的決定，就得在此時此刻，一開始就在「**正確的地點**」做投資。

　　改變我人生一門最寶貴的課，就是結合時間效益做理財。我依然是我，一年老一歲的我，但金錢卻不是「年復一年，一視同仁」的概念，而是不同選擇差別很大。大部分人習慣把錢放在身邊，主要是放在銀行，一來提領方便，二來反正錢就「只有」那麼多，不足以做任何投資，也「只能」放銀行。

　　但真的是這樣嗎？先不管其他投資工具的優劣比較，單單以放銀行這件事來說，你知道十年後你放在銀行的錢會怎樣嗎？會變成兩倍嗎？這樣的事永遠不可能發生。會增值 10% 嗎？過去銀行利率高的時候或許還有可能，現在已經不可能了。

　　那麼，至少能做到保值吧？沒錯，你存了 10 萬元進銀行，這 10 萬元本金永遠都還在，但是這 10 萬元已非你認知的 10 萬元了。

　　好比前面說的，從前的 100 萬元跟現在的 100 萬元差很多，差在哪裡？簡言之就是現在的 100 萬元「貶值了」，可以買到的東西變少了。同理，若我們今天存 10 萬元在銀行，也將碰到貶值的下場。

　　但 10 萬元如果不存進銀行，還可以做什麼呢？答案是，我們可以「超前部署」！

　　投入「正確的」房地產，就是超前部署。

🏠 錢就是要放在對地方

　　我因為工作關係，每天會接觸到很多新朋友，他們也會跟我告知自身的財務狀況。最讓人感到不捨的，是那種敦厚老實、一生勤奮打拚的上班族，臺灣能夠在經濟上成長茁壯，是廣大的中產階級和勞工朋友們共同努力付出的成果。但往往也是這群人，因為自小接受的是「勤儉是美德」的觀念，理財講究的是「省吃儉用」，然而辛苦一輩子，到頭來手上的錢經常還不夠當做買房

的頭期款。

因此我們應該從年輕時代就建立正確投資觀念，不要等「一輩子」了，那些勤奮打拚的朋友們，若早點認識正確的房地產投資觀念，假定二十年前就開始做這件事，現在那筆錢早已成長不只十倍。人生有幾個二十年呢？錯過就再也不能挽回。因此，我要奉勸年輕人：

1. 錢不要困守在銀行，銀行只是資金「暫時保管」的地方。

2. 錢當然不要無節制的花掉。

3. 趁年輕，也許短時間會有一些不便（好比三個月不去唱歌，不和朋友深夜去吃燒烤），把「不妨礙基本生計」的錢放在正確的投資工具上。

4. 所謂「辛苦一陣子，幸福一輩子」，這句話要落實，這必須植基於正確的投資理財，而房地產投資正是我們最推薦的做法。

　　讀者可能要問，呂玟德，你不是自己也在 20 幾歲投入房地產，可是後來「慘賠」嗎？你現在要我們不要把錢困守在銀行，這點我們可以接受，但到底怎麼投資房地產？這條路真的可行嗎？另外，你說要「超前部署」，但年輕人根本沒錢啊！都說「巧婦難為無米之炊」，都沒有米，哪能做飯啊？

　　是的，當觀念正確後，接著就來講具體的作法。包含「沒有米」怎樣可以做飯的方法。

Chapter 8

必須具備正確的金錢與金流觀念

假設有一個情況，我們處在古時候交通不便的山區。有一天，某個去外地洽公的鄉親於回鄉路上，途經一個山中小鎮，知道當地發生某種在地疫病，極度欠缺無花果做為藥引，需求量很大。

這消息傳回家鄉後，一開始只有那個人的幾個親族知道，於是家中有無花果林的拚命採收，家中沒有種無花果的，如果有辦法也會設法先去「張羅」，不論是去外鄉採買或跟親友商借。

總之，趕在需求尚未滿足以及還沒有太多競爭者介入前，把無花果賣到那個山中小鎮，這筆生意保證穩賺不賠。

同理，在房地產市場上，我們已經發現某個市場對房子「需求很大」，但以年輕人來說，就好比那些家中沒有無花果的人，他們會說自己知道有需求，但手上卻沒有無花果啊！

所謂的沒有無花果，也就是年輕人所謂的「沒錢」，其實只是「定義」問題。

🏠 年輕人重新定義對錢的觀點

什麼叫「有錢」？在傳統保守的觀點裡，認為銀行戶頭裡有多少錢才叫做有錢。就是因為這樣的觀念，導致許多人一輩子買不起房子，直到老年都依然怨天尤人，覺得根本就是國家社會不讓他們有能力買房子。

但其實「有錢」的定義不是這樣看的，我們來看看臺灣排名前幾大的企業集團好了，這些集團在全臺有很多資產，超級「有錢」的。但細看財報可能就會發現，好比某某建設公司，企業家自有資金只占 10%，其他錢

都是「借來」的，包含和銀行低利貸款。很多銀行可是
經理親自登門拜訪，畢恭畢敬「拜託」企業家來借錢，
或者透過股票上市，也就是用「社會大眾」的錢，來讓
自己企業更賺錢。總之，懂得「用別人的錢來讓自己更
有錢」，才是理財的王道。

另外，某某人銀行戶頭是 0，但他名下擁有一片土
地以及三棟大樓，那他算有錢還是沒錢呢？

以上指的是沒現金但有資產的情況。相信此時年輕
人還是會跳出來說：「我就是沒錢，更別說資產了，以
上案例跟我無關。」

這裡我們就要來「廣義」定義錢了。雖然以「財產
定義」來看，每個人「名下」必須具備一定現金以及有
價證券或房地產等，才算是財產，但若以「現金流」來
看，真正的定義應該是：**一個人就算此刻身無分文，但
他有本事「調動的金流」才是有錢。**

以股市來說，有所謂的融資、融券，就是手上沒那

麼多現金或股票，他們依然可以借錢或借股票來投資。以房地產來說，除非一個人要全額用現金買房子，否則只要掌握「能調動」的現金，還是可以買房子。

　　現代的年輕人要擺脫傳統的「戶頭有錢才叫有錢」的古板觀念，將焦點放在自己可以「掌握」多少錢，才能讓自己豁然開朗：「啊！其實我還是可以買房子的。」

🏠 跌倒再爬起來，比完全不敢前進還好

　　具體來說，假定一個年輕人可能剛入社會工作不到三年，也才剛還完助學貸款，身上真的沒什麼錢，他可以如何「調動」金錢呢？方法有很多，本書後面會做深入介紹。

　　簡單說，不是有句話說「藏富於民」嗎？我們每個人也可以「藏富於時間」。例如把「時間」當作參考值，那麼我們不只看此時此刻的戶頭現金，也可以檢視「過去」、「未來」的錢。

　　未來的錢，好比說你今天在 A 公司上班，下月的錢在你手上嗎？還沒有，但會不會終究到你手上？當然會，那是你應領的薪水。如果沒特殊狀況的話，是否未來一整年你都會領到錢？這些錢此刻不是你的，但未來一定是你的。

　　過去的錢，好比說你過往可能在父母的協助下擁有某個祖產，那祖產是家族傳承用的，祖訓嚴格教諭，絕對不准賣掉，否則大逆不道。

　　所以就只能空有資產，反正又不能換成現金？是這樣嗎？並不是的，我們可以「既同時擁有資產，又擁有因資產衍生的現金」。這資產不只包含土地、房屋，也可能包含其有形無形的財富，如專利權、著作權、藝術字畫等，甚至基金保單也算。

　　整體來說，年輕人不要因為自己戶頭沒錢，並且放眼未來知道薪水不會調漲，就認為自己「一輩子買不起房子」。

　　因為一個想法的出現，接著就影響一個人做人做事的選擇，就是因為長期抱持著「年輕人就是無法買房」的想法，所以就真的無法買房了。

　　當然，提起買房，我們絕對可以找到許多負面案例。像我就有一個老朋友，他住新北市，過往不是透過我這邊的房仲體系買屋。

　　他跟我說，他聽信一個大品牌上市上櫃的房仲業務建議，準備要在新北市林口區置產，並且該仲介拍胸脯保證貸款一定會過，買屋絕沒問題。朋友知道我也在從事這一行，所以來電請教我的意見。

　　於是我請教這位朋友一些基本資料，發現他幾乎是一問三不知，我就很納悶的問他：「你為何認為貸款會過？你的物件真的有給銀行鑑價嗎？為何要選擇買林口地區的物件？」結果他的回答都推說是「那個仲介說的」，他自己完全不知道狀況。

　　於是我跟他具體分析，該物件我不認為是正確的選

擇，因為他買的價位已經偏高，但後續看不到上漲的利多。最終我那個朋友才像是恍然大悟般，說他會再慎重考慮。

投資理財本來是預期會帶來報酬的，但若是投資選錯標的，好比我們買股票也是這樣，可能買到一支不斷下跌的個股，最後不得不被迫認賠殺出。即便如此，不能因為害怕「可能會下跌」就不敢投資。

假定有甲跟乙兩位同齡的朋友，某甲認同買房觀念，但卻因選錯標的，後來不得不賠售，那房子讓他損失 100 萬元；某乙則自始至終都不敢投資房地產，因此手邊的存款都還守住。以結果來看，似乎某乙是對的，某甲是錯的，並且差價高達 100 萬元以上。

可是以長遠來看，時間還是會證明某甲是對的，因為他的觀念正確，知道必須靠投資才能財富增長，即便跌了一次跤，賠過一次錢，但只要願意繼續學習繼續投資，並且在下回看準正確的投資物件（好比說在桃園區

購屋），那麼十年、二十年後，某甲的財富一定還是會遠遠超過「故步自封」的某乙。

　　請記住，不做選擇，這件事也是一種選擇。

　　所以不要當個故步自封、認定一輩子不可能買屋的人。特別是年輕人，一定要掌握青春，做出正確選擇，相信你到了中壯年時，就會是一個功成名就的人。

Chapter 9
房子改善人們一生的案例

本章開始來分享幾個投資案例，先從我自己的案例談起。

回顧過往，我在短短八年內，前前後後已經幫自己以及協助家人成功投資 16 間房地產，這些房子有的獲利了結，有的直接居住使用，但我們知道其市值已經比當初買價高出許多。

我買屋並沒有靠長輩提供的資金，最初我的情況也跟許多年輕人一樣，擔心「戶頭裡沒錢」。但在和呂總學習後，我知道正確了解銀行貸款流程，我們可以合法也合理的買房。合法，就是我們都是依照正規的申貸流程，投資我們的物件；合理，就是我們都了解自己的

情況，不會盲目投資，然後到時候被房貸壓得喘不過氣來。我之所以後來可以正確投資，關鍵重點在於找到「專業」。

🏠 背後缺少專業的案例

　　什麼叫專業？記得前一章我提到朋友要投資林口的房地產嗎？他知道「投資房地產」是最有效率的投資工具，問題是，他這項投資的進行沒有結合「專業」。或者他的房仲夠專業，只不過沒把專業用在我朋友身上，只用在讓自己賺佣金上。

　　若有足夠的專業，就不會對我朋友建議那個物件，因為：

1. 價格點不對

　　該林口物件房價已處在市場高點，一方面仲介告訴我朋友，買房子可以做投資，另一方面卻無法跟我朋友

解釋，為何值得投資？

　　所謂投資，賺的主要是買賣差價，如果一間房子已經在高點買進，那下一手賣給誰？誰願意出更高價？以金字塔比喻，財力足以買這間房子的，是位於金字塔頂端 5％的族群（因為那房子總價超過 2500 萬元），換句話說，市場上 95％的人買不起。今天他以這個價格買進，未來可以保證找得到願意用 2700 萬元承接的人嗎？

2. 買主的財力規劃問題

　　另一個重點是，要買 2500 萬元的房子不是不可以，只要有足夠預算，任何人都可以，但是我那個朋友並不是什麼富二代，他只是個薪水 5 萬元左右的平凡上班族。真的以為仲介說貸款沒問題，未來日子就可以高枕無憂嗎？事實上，我覺得他應該在申貸那裡就會卡關，老實說這樣算是好事，因為如果真的核貸了，之後再叫苦連天負擔不起每月房貸，那時已來不及了。

　　以上的論述有憑有據，背後依賴的就是「專業」。如果一個房仲不能憑專業為客戶著想做分析，那樣就只是將風險推給客戶，只管自己的業績。

🏠 改變思維聰明應用房產的案例

　　雖然本篇強調年輕人買屋要趁早，但這裡我們要舉一個老年人買屋的案例，重點在鼓勵讀者以全新的角度看待房地產。

　　本案例的主人翁姓李，是一個退伍的士官長，他來找我諮詢的那年已經 65 歲了。李伯伯一生為國家付出，但收入不算多，活到老也就只擁有一間 20 多坪的房子。然而畢竟在現代，很多從前買的房子都已經房價大漲，於是這個「財產」就變成家人紛爭的源頭。

　　李伯伯除了有限的退休金，家裡並沒什麼錢，他有四個孩子，生活都不算如意，因此各個都把主意打在那間房子上頭，希望最好把房子變現，換成現金分給孩

子。但李伯伯堅持不會賣屋，因為那是他和老婆一輩子的回憶所在，說不賣就不賣。

當他來找我時，已經因為家庭失和，讓他更顯蒼老，講到難過處，還聲淚俱下痛訴孩子不孝，我聽了也很難過，於是決心幫這個老伯伯。

我告訴李伯伯：

1. 首先，結合李伯伯的現有條件，第一，他有一間貸款已繳清的房子；第二，他每月都有終身俸，評估他可以買房。

2. 我建議他以第一間房子做資金調度，他不需要賣房子，他依然可以終身住那裡，但不妨礙他可以向銀行借貸資金，因為該屋還有很多的價值。

3. 我協助李伯伯在桃園找到兩個物件，並且精算過，以李伯伯的每月終身俸足以負擔房貸。不只可以負擔，實際上，因為桃園租屋市場熱絡，

每間屋子很快就租出去了。因此，李伯伯不僅每個月沒有經濟負擔，並且還有額外的租金收入，根本也不需要動用到退休俸。

4. 李伯伯撰寫好了遺書，表明所有房子在他將來身故後，都要捐出去。（雖然民法有保障子女有一定的繼承權，但寫遺書者的意志依然要被包含進去。）

經過這些行動後，一方面，李伯伯展現了就算是老人他也完全不需要依賴子女。從前他因為擔心沒人照養他，因此對孩子的爭執經常敢怒不敢言，現在完全不用了，就算自己花錢請個外勞協助家務也行有餘力。二方面，他藉由遺書間接表示了自己的失望，以及讓子女死了那條爭遺產的心。

從前子女們分散各地，很少回家，一回家講沒三句話就扯到要賣老屋。現在四個孩子都良心發現，他們輪流回來照顧老爸，甚至有一個子女願意搬回老家，負責

照護父親起居。

李伯伯後來邊哭邊說好啦，現在真的子孫滿堂了，雖然他不敢保證孩子的孝心是真的，但他至少確認與孫子的親情是溫馨的。經常三代同堂、熱熱鬧鬧的，他已感到此生了無遺憾。

做對選擇，人生就會是彩色的。以李伯伯的案例來看，他有犧牲「他和老婆一生的回憶所在」嗎？沒有，房子依然是他的。在年老也不可能找到新工作的情況下，他的收入有增加嗎？有的，他過往從來沒想到，透過房地產，他現在收入比他四個孩子任何一位全家賺的都還多。

以上絕非「模擬案例」，這是真人真事，並且這也不是特例。在我的客戶群裡，有許多被我尊稱為乾爹、乾媽的，其實不是我刻意攀交情，而是那些因為我的建議大幅改善人生的長輩們，高興之餘，經常要來認我當乾兒子，我也不特別去違背老人家的心意。

助人得到快樂幸福，對我來說，是比賺錢要更快樂
的事。

🏠 其他的投資考量

回過頭來，我還是強調，專業、專業、專業。房地
產投資絕對是正確的，前提就是要有專業的人協助。

1. 地點的考量

由於本身從事這行，我一天到晚會被親朋好友諮
詢，這樣買對不對？那樣買對不對？身為桃園人，我經
常被問到的一個城市是中壢。這是桃園第二大的城市，
應該很值得投資吧？我會告訴朋友，重點不是中壢這城
市好不好，而是中壢「現在」的房地產行情到哪裡了？

「時間」是人生成敗的關鍵。今天假設我們有一
筆錢決定要存在中壢區，跟今天有一筆錢我們決定要存
在桃園區，十年後分別會怎樣？這才是我們要思考的重

點。以中壢來說，曾經在捷運興建時，房價已經漲了很
多，後面是否會再更上一層樓，其實我的專業評估是存
疑的。不是說絕對不好，而是同樣的錢，應該要找到十
年後報酬更豐的選擇。

2. 專業人員的考量

臺灣各地都有很多專業講師，鼓吹不同的投資理
財。我不會去批評哪個老師一定對，哪個老師就是相對
不好。但我要強調一個評估專業師資的原則：是否理論
與實務兼顧。

常見的名嘴，自己每天鼓勵別人做什麼投資，但他
自己有實戰投資嗎？反觀學生們，真的聽老師的話就一
定會賺錢嗎？如果老師光說不練，當學生賠錢時只作壁
上觀，甚至直言是學生自己學藝不精，那該如何是好？

因此「聽其言，觀其行」，我們若要信任一個老師
所說的，最好也要搭配這老師所做的。如果這老師本身

就是身經百戰，有著豐厚的第一線實戰經驗，那他的專業就真的夠專業。

投資房地產，動輒數百萬元的數字，當然必須要找專業的團隊。本書所看到各種成功獲利的案例，那樣的成功投資你也可以擁有。

Chapter 10
給年輕購屋人的總體建議

好東西與好朋友分享，我特別愛鼓勵年輕人。因為我本身在相當年輕的時候，就已經做了正確選擇，因此得以很早就五子登科。

此外，我非常認同「時間就是金錢」，這裡指的「時間」，不只是奉勸年輕人「青春不要留白、不要蹉跎歲月」，而是結合數學定理的「**時間能讓資產倍數增值**」的概念。

🏠 擁有房地產非常重要，並且並不那麼難

有時候回想起來，人生中最快樂的事，說起來俗氣，但背後還是跟錢相關。例如我們看電視劇，女主角

用愛慕的眼神看著男主角，他因為沒錢買戒指，所以只能克難的做一個花戒指送她，但女主角依然感動得痛苦流涕。現實生活中，這樣的浪漫可以偶然出現（通常在初戀時），但人生是需要長長久久經營的，背後還是要有錢。

好比說，最近一次，當我和老婆結婚周年紀念日的時候，我送她什麼呢？我就直接送她一套鑰匙，重點當然不是鑰匙本身，而是那套鑰匙背後代表的是一間已登記在她名下的房子，是不是很浪漫？

但這浪漫一點也不銅臭味，畢竟我不是為了錢什麼都可以犧牲的那種人。相反的，我平日總是把家庭擺第一位，這棟房子是我用聰明理財，也就是房地產理財賺來的錢買的。

所以年輕人們，喜歡追劇、喜歡沉醉在王子與公主夢想的粉紅泡泡中，這些都無可厚非，但不要因此就讓自己的腦袋僵化，也不要因此虛度青春在做白日夢上。

趁年輕趕快投入房地產，若有不了解的，就趕快加入專家團隊，這樣子，以上我做的浪漫事，你將來就可以比照辦理。

但請不要誤會的另一件事，就是以為我是要大家忍辱負重，犧牲青春換取將來的幸福。我要強調的是，不需要犧牲什麼，頂多只是減少平日跟酒肉朋友無意義的喝酒或血拚浪費。

我其實也很愛買東西的，電視裡播放的那種情節，美女去百貨公司到處血拚，最後把大包小包的購物袋都交給老公提，我也常經歷，但重點是我有能力負擔這樣的消費。

請問你要消費一陣子，然後拉緊皮帶節衣縮食一整年，還是聰明理財，然後瀟灑消費一輩子？

再次強調，我沒有要年輕人用青春交換未來幸福，

相反的，我們可以延長青春的快樂，只要一開始就做出正確的選擇。

🏠 做出人生最聰明的選擇

最後，我還是要感謝我遇到對的老師，呂總是我的貴人。

我的情況非常有說服力，如同前面說的，我從前是個不良少年，我的學歷只到高中，也非出身什麼富貴人家，所以我原本絕不可能懂得什麼理財知識。

也因此，像我這樣不僅僅是張白紙，甚至還是張破爛的紙，都可以在年輕時候，就成功靠房地產致富，任何年輕人也一定都可以。

身為貴人，呂總在一開始不會一味的鼓吹我買房，就如同我現在和各位分享的，我再三強調找到對的觀念非常重要，特別是掌握時間，趁年輕就投資很重要。但我不會通篇一直說「反正只要買房子就對了」，我絕不

會這樣說，我強調的依然是「正確」買屋。

近年來，隨著億萬房產集團團隊越來越茁壯，外界也總是設法鑽縫找碴攻擊，好比說以為我們就是不擇手段要人買屋。實務上，我們鼓勵年輕人買屋，但是我們的第一步驟絕對是協助審視財務條件。

其他仲介行業的業務員為了業績，常會花言巧語要客人買單，我們反倒總是在初期審慎的評估，若對方條件真的不行，我們會給予建議。好比說，先再累積多少財富，或怎樣改善財務狀況再來買屋。

如果客戶想買的是 7、800 萬元的房子，但我們評估其能力只能買 5、600 萬元的房子，我們也會和客戶用心討論，看看是否先投資 5、600 萬元的物件，未來行有餘力再升級買更高檔的物件。

業務賺佣金可能很高興，但客人買房子卻是一輩子的事，這點我們永遠謹記在心。

最後，再以我家的案例做為本篇結尾。

　　我父親本來在新北五股做資源回收，後來因為土地被徵收，我們舉家搬來桃園。早年時候，我們其實在五股還有一些房子，雖然並非華廈豪宅，但也是樸實的民居。只因長輩的觀念，有錢還是落袋為安，當年從五股遷來桃園時，就把當地的資產都處置掉了。

　　那是 2002 年時的事，如今回顧，五股在地的房子，早已從當年總價只有 100 多萬元，現在已經漲了好幾倍。

　　以事後諸葛來看，如果「早知道」當年房子不要賣，這幾年就算把房子租給五股在地人賺租金也好，我父母早就可以變成千萬富翁了吧！

　　當然，人生沒有早知道，所以選擇最重要。選擇的前提是「相信」，先相信才會看見未來。

　　年輕人，你相信未來掌控在自己手上嗎？你也想要趁年輕就感受五子登科的幸福嗎？並且不只是自己幸福快樂，更要帶著家人及身邊周遭親友一起幸福快樂。

　　這樣的人生是可以做到的，只要你願意踏出第一

步，找專家，接著行動，後續就等著水到渠成，幸福就
是這麼簡單。

Part 3

新手圓夢篇

> 借力使力，讓圓夢的日子更早降臨

主述者：億萬房產集團副理／宋子聰

主述者簡介

曾經擁抱明星夢，差點轉入演藝圈的宋子聰，如今是億萬房產集團的副理以及專業講師。他給人印象最深刻的，除了親和力佳及穩健的臺風外，就是他年紀輕輕就已經白手起家，投資有成。25 歲進入房地產投資的行列，才 29 歲就已經擁有 3 間房，資產上千萬元。熱愛學習的他，因為自身是年輕人，並且也曾經是上班族的經驗，與人分享投資心得時更加具有說服力。以幫助大家成功理財為己任，隨著集團發展，宋子聰的未來不可限量。

夢想人人都有，很多夢想看似遙不可及，但只要內心抱持著「堅持就能達成，夢想不滅，希望不滅」的強大意志力，覺得有朝一日夢想終會實現。

但大家忘了，夢想可以實現，但會不會在實現的那一刻已經感到「時不我予」？當青春已逝，好比說在 70 歲，終於夢想成真擁有千萬資產了，那時又有多少體力可以去實現環遊世界、公益行善等夢想呢？

Chapter 11

有夢想，可是要如何快速達成？

夢想很重要，但「早點」達成夢想更重要。

前一篇呂玟德經理以年輕人的角度，寫下他如何透過買屋改變人生，他強調的是正確的思維。接下來，我則以另一個年輕人的身分，結合購屋實務，鼓勵大家「早點」圓夢。

🏠 找到低風險又可提早實現夢想的路

大凡我們設定目標，例如要賺到一筆大錢，達成的方式有三種道路：常人走的道路、投機取巧的捷徑，以及可以縮減距離的祕徑。

這裡我們假想一個畫面，有四個競賽者，站在同樣

的起跑點，要去挑戰誰先到達對面山頂的一處建築，起跑點和建築間隔著起起伏伏的丘陵谷地，中間有一條百年來眾人行走的山路。

某甲和某乙代表著普羅大眾，他們在傳統的山路上競走，兩人你來我往的競逐，但即便爭得滿頭大汗，遠遠看去都只是長長道路上的兩個黑點，距離目標非常非常遙遠。

某丙則選擇投機取巧，想直接用繩子快速垂落山谷，但畢竟人生險路不可行，大部分人在還沒降落山谷前就已先墜落。

只有某丁懂得觀察地形地貌，發現其實只要穿過周邊叢林，不必走過起起伏伏的山谷，就有路徑可以從這山通往那山，並且這樣的祕徑不只一條。

最終，只有某丁順利到達目的地。

分析：

1. 絕大多數人都選擇中規中矩的傳統道路，以理財來看，就是每月努力賺錢、存錢，希望早日達到理財目標。然而不管再怎麼努力，每年存下的錢有限，道路綿遠漫長，往往要到年紀很大時才能走到目的地。所以這社會上，若不靠後援，能在 40 歲前致富者並不多。

2. 某些人走投機取巧路線。有的人踏入歧途，想靠偷拐搶騙致富，有的投入根本不明白背後運作原理的各種資金盤，最終往往落得傾家蕩產。當然這之中還是有人投機成功賺到錢了，而這些人反倒成為吸引後人繼續想投機的誘惑。

3. 真正可以獲致成功的人，走的是祕徑，以理財來說，就是高投報率的理財。然而這條祕徑也是有很多人跌落山谷，因為走祕徑的確比起傳統山路有更多的風險，例如有人投資股票失利、

有人投資創業失利。但祕徑的確是可以年輕致富的選擇，**重點在於選到「對的祕徑」。**

怎樣才是「對」的祕徑呢？重點有二，第一，要有相當的報酬率，第二，是能管控的風險。當二者不能完全兼得時，追求的就是在可以充分掌控的風險中，得到還不錯的報酬。

而房地產就比較符合這樣的選擇，但也並非所有房地產都符合這樣的標準，特別是在臺灣，許多城市已經被點名房價太高了，甚至政府也經常想方設法要打房。目前唯一完全符合標準的買房區域，就是桃園市，特別是桃園區。

重點還是趁年輕的時候，找到這種風險可管控的祕徑，後面就以我自身的例子來說明。

🏠 曾經我也是個平凡年輕上班族

在談我如何理財前,先說結果吧!我在 29 歲前,不靠任何家族後援,就已經擁有三間房地產。

我一來不是富二代,二來也並非醫師、工程師等專業人才,我 20 歲出頭退伍入社會那時,也就只是個平凡的上班族。

如同我出生的地方是臺北市迪化街,那是條百年老街,從小我學到的理財知識,也都是傳統老知識。長輩們告知的,就是要一步一腳印的工作賺錢,要存「很多很多」錢才能買房子。

在這樣環境下長大的我,自問並沒有什麼特殊才華,因此也就只能乖乖如同大部分人般,去中小企業上班,領一份固定薪水,而且這份薪水的大半都貢獻給房租了。

而單親家庭長大的我,原生家庭並不富裕,已經有能力賺錢的我,自然要協助家計。再扣掉生活基本開

銷，說實在的，到月底戶頭若還有一點餘錢，已經可以算是理財高手了。放眼高物價的臺北，像我這樣的情況，在年輕人圈子比比皆是。

但還是有一件事我跟一般年輕人不同，就是在內心裡，我有一股很想早點賺到錢的焦慮。因此，我雖然尚未找到賺錢的竅門，但至少一直有積極去嘗試找方法，少年時代我就勤於打工，畢竟當時的思維還是以為「多做就代表多賺」。

也因為比較早接觸社會，我的個性比較成熟，也較敢表達。曾經有段時間，結合我那還不錯的歌喉，在餐廳擔任駐唱歌手，甚至我還去《超級星光大道》這種選秀節目參賽，心想如果能走上星途，或許就能提早擁有財富。

但終究我沒有當歌星的命，還是得回歸平凡人生。曾經內心的澎湃熱情也逐漸黯淡，當時適逢必須入伍，從此斷了星夢。退伍後就直接去服飾店上班，一待就是

四年。

　　青春說長也不長，轉眼間我已行年 25，我在職場上也算中規中矩的步步高升，那年我已經升上店長，在我那行算是到頂了。儘管聽起來職銜不錯，每天穿著也光鮮亮麗的，但實際上我還是個上班族，每月的薪資也只有 3 萬多元。

　　寫到這裡，如果讀者也是個年輕人，那麼想想自己的狀況是不是也很類似？只要是在某個企業上班，月收入大致就位在 25000 元到 35000 元之間。放眼未來五年，似乎也難有大改變。

　　是不是這樣？改變的關鍵是什麼呢？一般來說，一個 25 歲沒背景的年輕人，後來能變成有錢人有三種模式：第一種是自立創業後來變大老闆，第二種是從事業務工作後來成為銷售冠軍，年收上百萬元，第三種則是找到正確的投資。

　　實在說，第一種跟第二種模式不是人人可以做到

的。當老闆哪有那麼容易？至於業務銷售，能成就百萬
年薪以上收入的也屈指可數。

　　最終，能夠改變你的命運，年輕致富的王道，還是
正確的投資。

Chapter 12
成為年輕的包租公

　　翻開名人傳記，或者聽聽媒體採訪成功人士，在他們的回憶中，往往會出現一些貴人。因為某人的提攜、因為某人的教導、因為某人的刺激等等，造就後來的人生成就。

　　但如果年輕時身邊沒有這類貴人呢？

　　其實，不要「等著」貴人來遇見你，正確的方法應該是「主動去找」有貴人的地方，包括參加社團，包括聽演講，也包括買書，例如讀者手中這本書，裡頭也會有貴人。當年 25 歲的我，就是主動去到對的場合，才遇見貴人。

🏠改變人生的一堂課

25 歲的我，因為渴望賺錢，也會主動去接觸各類理財相關資訊，但我所知道的，所謂「就算釣魚也要花點錢買餌」，任何的投資都要有相當的本金，身邊即使有各類投資機會，我的戶頭連拿出個 7、8 萬元都有困難，根本什麼投資都不能做。

無論如何，我依然持續關注理財資訊，若有那種免費的課程，自然毫不客氣就去聽課。就是這樣，有一次當我看到某個講座，竟然出現「零元購屋」的字眼，老實說，當時有點抱著「踢館」的心態，就想說，什麼零元購屋？天底下哪有這麼好的事？又是什麼行銷話術吧！我倒要現場聽聽講師在臺上怎樣吹牛？

那天上臺主講的是簡華緯顧問，也是我加入億萬房產集團後的長官，當年 25 歲的我，只覺得原先懷疑什麼叫零元購屋，但上課一聽後，一來講課內容說理明晰不像是詐騙，二來我看到的營運團隊都非常親切有禮正

派，似乎真的像我這樣的年輕人也可以買房子。

　　原以為不可能的事，現在聽來似乎有可能，於是就有一堆問題急著想問，卻又不知從何問起。當時簡顧問就耐心的跟我說：「年輕人不要急，一下子教你太多相信你也吸收不來，不如加入學習團隊，長期建立學習房地產投資的習慣。」

　　不過學習不會是免費的，天底下好的課程都是如此，要更了解房地產投資專業，還是要有入會費。那數字絕非天文數字，但以我當時上班月入只有 3 萬多元來說，那學費依然感覺非常高，這讓我有些猶豫。

　　長年內心想要追求財富的渴望，在我天人交戰時引領我下了決心，於是 25 歲的我拿出戶頭所有積蓄，踏入房地產投資行列。

　　結果如本篇開頭所述，未滿 30 歲前我已經成功擁有 3 間房子。現在每當我看著許多新人也選擇加入這個團隊，就會為他們感到高興，恭喜他們做了一個可以改變

一生的重要抉擇。如果你是年輕人，那更要恭喜，你在青春依然亮麗的時候，就可以提早擁抱夢想。

　　直到今天，我生活中日行一善的其中一種作法，就是鼓勵大家加入好的投資學習團隊，讓團隊協助你早日致富。

🏠 未滿 30 歲就當起屋主

　　怎樣從零到擁有千萬資產呢？以下就以我的實例來說明。

　　首先，需要專家來協助我「轉換腦袋」。我原本的腦袋，就是那個「要存很多很多錢才能買房」的腦袋，而從小到大所處的環境，身邊也都是和我一樣的平凡人。因此，我必須被醍醐灌頂，當時億萬房產集團呂總親自和我面談，鼓勵我做改變。

　　當改變思維後，看事情的角度就不一樣了。以前覺得「不可能」，乃至於想都不敢想的事，現在在呂總的

開導下，我發現原來那些「不可能」都只是受限於傳統人云亦云的僵化觀念。

　　特別影響我的觀念，是原來金錢不是只看戶頭多寡，年輕人也不要受限於「薪資只有多少，於是人生格局就只能這麼大」的舊思維框框。

　　關於金錢轉念以及如何正確貸款投資，這在後面會有專篇分享，總之我轉念後，終於了解原來自己也可以買房子，接著就要思考，該投資怎樣的房子。

　　那時是 2017 年，當時看到的桃園區放眼一片榮景，完全不輸雙北市。三年後的 2020 年，我更是要說，桃園不只進步更大，甚至已經超越新北市，至少這裡的房子更新、市容更美，但房價卻相對比雙北低很多。

　　而我早在三年前就已經開始投資，想像一下，前一晚你還是一個「買房子這件事目前跟我扯不上關係」的人，隔天卻已經在和專業人士討論買屋的細節，當晚回家時整個心都飄飄然的，簡直像是在作夢。後來想想，

這不正是戀愛的感覺嗎？整個人很開心，可是既期待又怕傷害。

　　總之，我在加入億萬房產團隊學習行列那天起，也同時做了買屋的決定，並且很快就在經過財務評估後簽約買屋，也在專家協助下，順利經歷購屋的每個階段。

　　之後一個月內交屋，在拿到房屋權狀的同時，我也拿到了租屋合約，當天戶頭就進帳一筆兩個月的房屋押金，以及第一個月的租金。

　　當和我同年紀的同學還在存錢準備貸款買車，甚至存錢想買機車，我卻已經擁有了自己的房子，並且開始當起包租公，每月有了非工資的被動收入。

　　這是未滿 30 歲的我的真實故事，當然，這也可以是你的故事。

Chapter 13

借力使力成就夢想

　　本來以為不可能，實際上卻是可以做到的。人生很多事都是這樣，如果不去嘗試，怎知道自己不可能呢？

　　當然，所謂的「不可能」還分兩種層次。一種是因為過往學習經驗而認為某件事不可能，例如從小被建立的觀念覺得這件事「不可能」，包括有人認為不可能上臺演講，有人認為自己的條件找不到好對象等等，而許多人也是根深柢固認為自己不可能買房。

　　另一種「不可能」更糟，就是「連想都不敢想」，如果是這種情況，要「醒悟」就更難了，因為根本就沒想到這件事。

　　因此常聽演講及加入學習型團隊很重要，因為藉由

這樣的學習，可以刺激自己去想以前「連想都不敢想」的事情。

🏠 夢想傳承

以我這個原本的平凡上班族來說，我先是做到理財突破，投資以前想都不敢想的房地產，後來我也跳出舒適圈，我不只投資房地產，更是加入億萬房產集團團隊，先是擔任第一線業務，後來還成為上臺分享房地產投資理財的講師。

學習及突破過往窠臼是一件很讚的事情，那種內心的豁然開朗，腦袋進入全新世界的喜悅，非當事人是難以想像的。

我從自己親身經歷，體驗了平凡上班族也能投資房地產改變人生，除了提升自己外，到後來我的角色也蛻變成幫助更多人，讓他們和我一樣，從平凡中找到不平凡。當看到一個原本對理財一竅不通的人，藉由我的

慢慢輔導諮詢，抽絲剝繭找出他背後的資源，然後提出實用的資金調度建議，幫助一個個新朋友成功投資房地產，那種成就感並不亞於自己投資賺到錢的快樂。

在助人前，最起碼要幫助自己的家人，所以繼我成功在桃園投資買屋後，緊接著兩年間，我也協助我的家人親友，規劃符合他們各自財務狀況的房地產投資。

我發現對大部分人來說，買屋這件事就算不是最大夢想，也一定會是人生待完成的重要目標之一，因此，我就是在協助他們圓夢。並且重點是「提早」圓夢，也就是說，如果沒有我的協助，他們原本可能還要等個五年、十年也不一定有能力可圓夢。

而且在億萬房產集團裡，這也算是一種「夢想傳承」。舉例來說，當初因為呂總協助了簡顧問圓夢，我則因為 25 歲時認識了簡顧問，換他幫我圓了理財夢，現在則換我再來為其他人圓夢。這些年來，經由我的輔導，後來成為包租公的年輕人（這裡暫定為 35 歲以下的

青年），人數就有上百人。

這種夢想傳承接力，一個人幫助一個人，一個人再影響更多人，正是億萬房產集團學習的另一種魅力。

致富的關鍵智慧：借力使力

簡單說一下我自己的理財狀況。當初遇見簡顧問時，在他協助下買到的物件，已經於 2019 年以不錯的價格賣出。這背後絕對不是坊間媒體所說的炒房，而是植基於整個桃園因為建設繁榮，而真正帶動房價的上漲。

我首次購屋所賺的獲利總額不算多，畢竟一個 25 歲存款不到 10 萬元的年輕人，可以買的物件總金額不可能太大，當年我買的是一間總價 300 多萬元的小套房，但以投報率來說卻很不錯，賣屋時扣掉種種成本支出，實際淨利約 30 多萬元，算起來比 22K 上班族的年薪還多。如果結合銀行貸款的槓桿操作，我實際拿出來的資金跟報酬相比，投報率的確很高。

　　也因為有了初次的購屋經驗，包括每個月的房租收入，加上房屋買賣的價差，讓我的戶頭餘額快速增長，也讓我有能力做後續更多的投資。

　　這會形成一種正循環，例如我當年只買得起 300 多萬元的房子，擁有相對較少的租金，以及有限的買賣價差。但現在我同時投資了三間房地產，代表每個月有三筆房租收入，三筆房地產加總的獲利也大了許多。這讓我未來可以投資更多更大的物件，然後報酬越來越多⋯⋯

　　所以大家說「有錢人會更有錢」，當我們以酸葡萄心理來說這樣的話，就會形塑一種社會貧富差距越來越大的憤恨不平，但我們若以正確理財觀念來看就會知道，「正確投資」你我都可以做到，重點還是找到對的平臺、對的諮詢者，以及最重要的一點：即早知道，即早行動。

　　而即早行動、即早獲利的主要關鍵，就是借力使力。借力使力包含**借銀行的力**（房貸就是一種借力）、**借前輩的力**（聽課就是借前輩的力），以及**借眾人的力**（參加團隊就是借眾人的力）。

　　因此這裡要以我的實務經驗，提供年輕人以及房地產投資新手，如何借力使力的三大寶貴建言：

1. 跟對人，跟對團隊

　　其實有很多年輕人有能力可以買屋，但也必須說，也有不少年輕人在評估財務狀況後，目前還沒有能力買屋。在這種情況下，年輕人該做的就是把時間用在累積資源上。

　　資源累積最沒效率的方法就是一切靠自己，這要等到天荒地老才能達成目標，真正的做法應該是「借力使力」才對。要知道，天底下的財富主要有兩種人可以掌握，第一種是有錢人，越有錢的人可以掌握越多的錢；

第二種是專業人，越專業的人越有本事掌握到錢。

專業人擅長分析，有錢人善於運用資源，專業人加上有錢人，更能形成一股力量。跟對這種團隊，就能掌握這種力量，快速致富。

2. 不需要學會了才開始行動

常聽人說我們要「即知即行」，比起「知而不行」，這的確是更好的境界，但這還不夠。特別是針對理財來說，應該是「**即使尚未全知，也可以先行**」，關鍵就在借力使力。

時間不等人，過往許多人錯誤的觀念是「等學會了」再行動，但理財這件事差一年就差很多，例如桃園房市，可能隔了一年每坪房價就可能漲了 3、4 萬元，以 30 坪的房子來說，整體差價就超過 100 萬元。所以不要「等」了，學習與投資要並進。

3. 懂得用時間換取空間才是理財王道

時間換取空間，這句話用在房地產是再適合不過了，因為房地產就是一種空間，這個空間的價值雖然各地不同，但以桃園來說，至少捷運綠線一帶的房價是處在明確快速成長的狀態。

如果你想要存夠錢再買房，結果好不容易存夠錢了，房價已經漲上去了，你繼續存，房價繼續漲，速度永遠追不上。還不如把那個時間省下來，「現在」就進場，即刻擁有空間，往後這個空間快速的增值，其利潤絕對補得回當時節省時間投入的成本。

以實務來說，就是房屋增值獲利絕對贏過當初銀行借貸的利息。

總之，年輕只有一次，把握青春，借力使力，讓專家團隊協助我們賺錢，即使我們的資源不夠，也可以在專家團隊的協助下快速累積。等賺到了許多的分身，在

正職工作之餘，這些分身也同步為你賺錢。

　　那麼，想想未來還有數十年的人生，都可以比起同齡者擁有更多的資源和資金可運用，可以做想做的事、去喜歡的地方觀光旅行、買自己喜歡的商品、實現自己的夢想，那該是多好的境界啊！

　　再次強調，這樣的事，不要事先預設立場認為自己不可能，特別是年輕人，給自己機會，趁年輕借力使力快速投資致富，才是正確的選擇。

Chapter 14
專業人士也肯定的投資

　　我算是 90 後出生的人，大家認為 90 後出生的人擁有夢想，喜歡做自己，感情上較衝動，但卻往往有種無力感，因為時代的發展，前人打拚過程所積累的債務，要由新生代來承擔，造就這個世代的人普遍薪水不高，卻要面對永遠追不上的高房價。因為夢想很多，更讓 90 年代感受到「有夢無法落實」的痛苦。

　　然而看了前面的說明，相信年輕讀者應該懂得如何突破現狀的框框，藉由房地產投資致富了。既然年輕人的一大特色就是敢於做夢，那麼就來勇敢做夢吧！

　　接下來我就以兩個跟年輕人有關的買屋實例來做說明。這兩個案例並非本身經濟狀況不好，相反的，他們

的資產條件都還不錯，但我強調的是，即使擁有資源的人，都覺得投資桃園房地產是最佳選擇。

🏠 案例一：成功商務人士的推薦

　　這是我入行所接觸到第一個案例。那是一對來自臺北天母的夫婦，家境不錯，丈夫在企業裡擔任高階主管。那年我剛轉戰億萬房產集團擔任業務，第一個月就由我來接待這對夫婦。

　　由於本身財力沒問題，加上有豐富的社會經驗，這對夫婦對買屋有明確的需求，不只重視物件本身的各種格局及居住品質條件，也對外在大環境有一定的要求，基本上就是生活機能要面面俱到，並且可以看到未來發展的願景。

　　這對夫婦也是在用心了解全臺經濟發展後，最終評估桃園是全臺最佳買房投資的地方，不論是自住或投資，都是不可替代的選擇。

　　令我很有成就感的是，這對夫妻當時不但在我的建議下，一次買下兩間桃園區的物件，並且四個月後，他們帶著女兒來找我，這個年輕女孩跟我年紀相當，這對夫妻一方面想讓自己女兒開始投資房地產，另一方面也想透過我這個年輕人，和他們女兒分享年輕人正確的理財觀念。

　　這個女孩個性單純，過往從未學習過投資，雖然父母很有成就，但她本身倒是抱著虛心學習的心態，願意從零開始接觸理財。她也是我擔任房地產諮詢顧問業務以來第一個服務的年輕人，因此也算我生涯的一個重要里程碑。

　　以結果來說，這女孩當時以自己的名義買下一間桃園的房子，很快就有包租婆的身分（桃園租屋市場真的很活絡）。隔兩年，也就是 2020 年，我觀察了桃園房市行情，發現當初這位女孩購屋的地段已經漲了一波，於是我主動提出建議，問對方是否要出售。

　　最終房子賣出時，扣掉成本還賺到超過 140 萬元。至於這女孩的父母當初買的兩間房，則是一間出售、一間留下來自住，無論如何，兩間房價都已漲了許多。

　　令我印象深刻的是，這對從天母來的夫婦，我稱先生為大哥，他很慎重的跟我說，他本身很會經營事業，賺錢能力也不差。但我透過房地產幫他賺到的錢，比他老闆付給他的年薪還高。

　　這對我來說算是很大的肯定，因為這位大哥的年薪超過 200 萬元，他們家買的三間房子，平均每間獲利都有將近 150 萬元，加總也超過 400 萬元了。

🏠 案例二：理財投資達人的推薦

　　這個案例也是一位年輕人，事實上，他是我的國小同班同學。本身是財經科系出身的他，入社會以來從事的都是金融投資行業，在銀行體系擔任資深理專，長年以來對股票、期貨及各類證券基金等都有涉獵。這樣精

通各種投資理財工具的人，最終還是選擇把主要資金投入在購買桃園房地產上。

　　從事金融行業的人通常都很忙碌，我這個同學當初來找我，也是百忙中撥空前來。我用我的專業向他分析桃園的種種發展優勢，以及在地房市的未來。他聽完我的分析後，當天就跟我說他有興趣，畢竟長年和數字為伍，他對種種投報分析數據都很敏感，聽我分析就很快做出判斷，投資桃園很有願景。

　　我也立刻找出幾個已開發的桃園區物件，當場挑出符合他需求的，他做事節奏很快，竟然在聽完我的介紹說明後，完全沒花時間去看屋，就直接說他要買了。

　　之後就是我們團隊協助他分擔大部分的溝通接洽事宜，原本我這位很阿莎力的同學還打算直接全權交給我們處理，屋子連看都不想看，但我還是告訴他：「房子畢竟是你買的，應該自己去看一下，至少以投資人的角度，也該認識一下自己的『商品』吧！」他覺得我說得

有道理，才在簽約前一天撥空去看屋。

　　同時我也和那位同學分享，我知道他原本對股票、期貨這類投資領域非常專精，但所謂「術業有專攻」，畢竟他對房地產領域並非那麼熟悉，我也以同是年輕人的立場跟他交流，告訴他即便背後有我們這麼專業一條龍式的團隊全程服務，他還是應該秉持著年輕人上進學習的精神，試著在交易過程中增進自己投資房地產的know-how。

　　這是 2019 年的案例，本書出版時，他的房子仍在持有中，以他當初的買價跟如今的市價相比，已經有了很大的差距，若決定在此時將房子賣出，肯定有 100 多萬元的獲利。若加上當初他透過銀行貸款的財務槓桿，自己出資有限，以數字分析來看，投報率將非常的高。

　　所以我那同學非常興奮的跟我講一句話，我想以他這句話做為本章的收尾。

　　他說：「我本身雖然是投資達人，但是來桃園投資房地產，是我目前做過最好的投資。」

　　最後，再次請每個擁有夢想的人，特別是年輕人，想要快速致富，買對地段、投資理想房子，確實是最佳的選擇，千萬不要再預設立場認為自己「不可能」。

　　站在現在立足點上通往富裕的路，可能有很多種選擇，但我們不一定要走傳統那種崎嶇綿延、要走到年老才能致富的路。若有快速安全合法的祕徑，何必委屈自己走艱難的路呢？

Part 4

貸款實務篇

不算一算，怎能論斷自己不能購屋？

主述者：億萬房產集團事業部副理／羅昱婷

主述者簡介

從 2016 年離開美容產業加入億萬房產集團開始，就年年打造亮麗業績，一季又一季擒獲季冠軍的頭銜，以優異的成績，於 2020 年晉升為集團副理。羅昱婷目前自己和家人已擁有 10 間房子，也協助上百人藉由正確理財擁有房地產。不僅業績超群，並且以認真熱誠的服務態度，獲得客戶們高度的肯定，她以專業理財角度協助很多人購屋圓夢，接下來將以貸款這部分的專業角度和讀者們分享。

在談房地產投資前，讓我們先談談如何成功吧，畢竟投資致富也是人生的一種成功。

話說影響人們未能獲致成功的因素有很多，有人說資金不夠，有人說資歷不夠，其他像是人脈不足、背景不佳、專業待磨練、時機未成熟……理由有很多，但往往位居所有理由之上的最大失敗關鍵，就是每個人的「心」，包含信念、心志、意志力等等，所謂「人們最大的敵人往往不是別人，而是自己」，就是說一個人在還沒被任何挑戰打倒前，就已經自己先認輸了。

為何我們在談房地產投資前，要先談到成功勵志學呢？因為團隊累積多年來的經驗發現，大部分時候大家無法投資房地產致富，關鍵不是自己沒有能力買屋，而是自己早就否定了自己，自己畫出一個圈圈困住自己，說自己「不可能」買房子。甚至很多時候，當我們告訴對方有能力買屋，對方還會睜大眼睛，像是聽到一件不可思議的事情般。

買屋這件事雖然不簡單，但也絕沒有你想像的那麼難。至少給自己一個機會，和專業人員討論一下，也許你就有機會早點踏上致富成長的列車。

Chapter 15

若不懂得聰明理財，
人生就會上演悲情劇

　　的確，很多人之所以未能致富，許多時候原因就出在心理認知。很多人的內心基本思維就不認為自己會致富。各位讀者想想，自己是否也有類似狀況？對很多事情預設立場，覺得自己不可能創業、不可能學會英文、不可能博得佳人青睞、不可能這樣、不可能那樣……，其中常被提到的一種「不可能」，就是買屋這件事了。

　　在還未接觸億萬房產集團學習投資前，我內心裡也畫地自限，從來不認為像自己這樣的弱女子有本事擁有自己的房子。在介紹如何評估自己是否可以買屋前，我先分享自己的成長經歷。

🏠 悲情劇始於那場意外

　　我也算是建築世家出身，我的家人親族很多都是從事建設營造方面的工作，但反倒我們並沒有很早投入房地產投資。

　　從小我就是聽著「房地產」三個字長大的，但是對我們家族來說，那只是一種「職業」，我們幫許多有錢人蓋房子，卻沒有想過自己也應該擁有房子，或者長輩曾想過該買房子，卻從來沒有以長遠投資的角度來擘畫未來。

　　小時候老家位在新北市淡水區，當時才小學年紀的我，就已經對該地房價有個基本概念，那時淡水的電梯大樓物件只需 100 多萬元就可以買到，如今我們再去查詢淡水的房價，同樣的物件已飆高到超過 800 萬元。

　　這讓我不禁要小小嘆息，為何我們從事建築產業，當年卻沒有想過要為自己家族在淡水留幾間房子？如果說因為經濟能力不許可，那還情有可原，然而印象中父

親的錢包是經常可以掏出厚厚一疊千元大鈔的。但當年卻沒能碰上懂理財的人惠予指點，導致家中經濟看起來雖很寬裕，卻禁不起一次意外的考驗。

原本爸媽的工作收入都不錯，生活有種衣食育樂都無缺的錯覺，只是錢賺得快也花得快，直到我國三那年，家裡忽然傳來噩耗，父親獨自一人在做裝潢施工時，不幸碰到工程意外，不巧那是空屋，身旁沒有任何人可以求助。

當時家人和同事遍尋不著他的蹤影，後來發現他被壓在某個工地整面坍塌的磚牆下時，已經隔了兩天。父親被救出時已奄奄一息，命雖然救了回來，卻已落得終生癱瘓。這給全家帶來晴天霹靂的打擊，從那天起，也改變了全家人的命運。

以我來說，我從一個原本憧憬美好未來的青春少女，後來不得不半工半讀，中學時就開始體驗社會冷暖，協助家計。那時全家人都已心力交瘁，如何籌錢照

顧父親並保有三餐基本溫飽，成了全家第一課題。

　　也從那個時候起，我深深的明白理財這件事真的很重要。過往爸媽曾經很有錢，那又怎樣？賺了花了就是一場空，以為錢很好賺，但人只要出了狀況，就一毛錢都再也無法賺到。

　　即便如此，當年的我雖知道「有錢」很重要，卻依然不懂如何理財。從中學畢業開始，我只能用典型的勞力換取工資過日子，最初我去打工，一個月薪水只有18000元，這樣的收入要顧家人還要顧自己，根本不可能存錢。

　　被生計逼迫成長的我，硬生生磨練出在社會應對進退的本能，後來轉戰業務工作，也曾流轉過許多產業，最終進入自己比較能勝任且市場看來不小的美容產業，一待就超過十年。但歲月流逝，帶給我的只是勉強可以過活的收入，附帶的後遺症就是我一身的毛病。

🏠 勤奮的價值重要，但聰明理財才是王道

理論上，當一個領域做到頂尖就可以出師了，出師了就可以賺大錢，但真的是這樣嗎？

理論終歸是理論，現實社會是專業的廚師、專業的設計師甚至專業的醫師，收入數字有時也並不真的很亮眼，排除掉少數幾個被拱為明星的頂尖人士，大部分出師的人並不代表是可以賺大錢的人。

歷經一、二十年的人生見聞我真正確認，在這個競爭的世界，專業很重要，但比起技能專業，「懂得聰明理財」才是王道。

中學畢業就已入社會工作的我，從事美容推廣銷售那麼久，絕對已夠格出師了，不同的平臺，包括電視購物、美容專櫃等，我都有豐富的歷練，我擅長介紹產品，也擅長銷售產品及套裝課程。

然而美容市場雖大，競爭者卻太多也太強了，在美容保養技術面，要和新興的醫美產業搶客戶；在美妝品

價格面，又得一年四季和百貨公司的折扣大拍賣做肉搏戰，到後來就算賣力推銷，也很難把課程銷出去。

　　怎麼辦？只好再回到「用時間換取工資」的傳統模式，也就是必須天天加班，靠著多服務幾個客人賺取時數工資。結果就是一天得工作超過十二個小時，並且常常為了不讓服務中斷，需要憋尿。我終日疲累卻不敢懈怠，直到發生了血尿，命都快沒了，才被迫必須休長假回家休養。

　　講這一段自身經歷不是要賣弄悲情，而是要強調聰明理財的重要性。我完全沒有要否認努力工作的價值，也不是要貶低各類的專業技能。

　　只是若有可能，我鼓勵每位讀者，在追求本身產業領域更高境界的同時，若能同時撥點時間創造你的「分身」，也就是屬於你的房子，讓你的分身同步為你賺錢，那樣的人生會比較有效率。

　　那年我因為血尿被迫在家休養，但休養就代表收入斷炊了，我內心是非常惶恐的，甚至當我被迫必須刷現金卡借錢度日時，我真的覺得還是必須趕快重回職場，並且內心不斷怨嘆，人生只能在「賣命」或「餓死」之間二擇一嗎？

　　好在上天可憐我日子快過不下去了，在那段休養期間，躺在床上內心又很焦慮時，不免滑一滑手機看看有什麼新的生活訊息，就在那時候，我第一次接觸到億萬房產集團的分享會資訊，當下受到吸引的我，報名了那回的講座，也正因為那次的講座，讓我的人生終於找到新的契機。

　　這裡先跟讀者分享結果吧！從前的我是工作累到都血尿了，還是難以過想要的生活，直到接觸了億萬房產集團後，不但徹底改變了我的生活，後來我也因此轉戰房地產產業，靠著努力打拚不斷打造亮麗業績，升任集團副理，闖出一片天。

　　如今的我不但自己透過房地產投資成為千萬富翁，我也協助家人好友們脫離老鼠滾輪般的苦難輪迴，讓大家都能擁有房地產，享受有錢有閒的人生。

　　這不是炫耀，所謂炫耀是故意秀出我做得到但你做不到的事，但我以自身經驗百分百肯定，很多人絕對有實力購屋，享受財富倍增的樂趣，並且這背後不靠賭運氣，也不是什麼違法操盤，而是植基於專業的財務分析計算。

　　下一章來和大家一起做計算，找出致富的可能。

Chapter 16

原來我是有能力買房子的

　　如果我的買屋只是「特例」，我就不會在此和各位
讀者分享。但我跟許多讀者們一樣，當初買屋時自認自
己的條件很差，「不夠格」買房，同時也誤以為買房子
都需準備很多的錢。

　　買房子當然需要相當的條件，買房子也的確牽涉到
動輒上百萬元的金錢，但大家都忘了，買房子也可以是
一種「合作投資」的概念，有誰要跟你合作呢？那個對
象就是銀行。

🏠 我夠格買房子嗎？

記得那時候，我透過億萬房產集團的分享會，接觸到集團裡的簡華緯顧問。當時因為聽說有免費諮詢，我就姑且試試看，當和簡顧問面對面聊到我的財務狀況時，我問他：「買房子的基本常識不就是自備款兩成、貸款八成嗎？ 100 萬元的兩成就是 20 萬元，500 萬元的兩成就是 100 萬元，這還不包含其他代書費、行政規費等雜支。」

當時的我別說 10 萬元了，我的戶頭裡根本只剩下幾千元，這樣的我跟買房子這件事扯得上邊嗎？

「我夠格買屋嗎？」相信大家看到這裡也不禁會想到自己的戶頭存款餘額，腦中冒出這樣的問號。

買房子的一大迷思，就是純以現在的銀行戶頭做為財務依據，但銀行存摺只是個人財務實力的一部分。

　　正確來說，那只是你此時此刻的現金狀況，但是對銀行來說，你這個人不只包含「現在」，也包含過去和未來。

　　先說過去好了，舉個例子，假定有家餐廳不幸慘遭祝融吞沒，但過去十年來這家餐廳年年都獲選米其林三顆星評等，餐廳主人的廚藝高超，甚至還被譽為廚神，那麼假定這位餐廳主人想東山再起，容易向銀行借得到錢嗎？相信有許多金主會搶著要借他錢，因為他的過去已經證明，投資他就是獲利的保證。

　　至於未來就更不用說了，投資就是看好一件事的未來，好比這社會為何要有教育？因為看好孩子是國家的未來。一個人可能此時此刻身上沒半分錢，但只要銀行認定從這個人身上可以看到未來，就願意借錢投資。

　　所以任何人面臨是否可以買房子這個議題時，他不該思考「此時此刻我身上有沒有錢可以買房子」，就是因為這樣侷限的思考，所以年輕人會說出「一輩子也買

不起房子」的洩氣話。

正確思考模式是「**銀行可以從我身上看到怎樣的價值**」？就是這樣的價值，讓銀行願意跟我們「合作買房子」，合作方式就是我們賺到投資報酬，銀行賺到我們的利息。

所以，「我夠格買房子嗎？」要把整個人的過去、現在、未來一起融入思考。

初次和簡顧問見面時，我依然是傳統的思維，我問他若戶頭只剩幾千元夠格買房子嗎？那時簡顧問很快就協助我思考過去與未來。當你站在全新的角度思考，就可以重新盤點自己的資源。

的確，我的戶頭現金數字很不漂亮，但簡顧問和我一談，認為我的「過去」很亮眼，他的結論我是不僅有實力買房子，而且我的實力「實在太優了」。

第一，我從學生時代就在家人協助下，擁有投資型保單，即便後來家裡出狀況，我也年年持續沒讓這張

保單中斷。十幾二十年下來，保單價值已超過 100 萬元了。第二，我和父母住的房子，多年下來的貸款已經繳清，那是一個既存的資產。

聽到簡顧問說我符合買房子的資格，但我當時仍不明白，我有保單、我家有房子，但我的保單是做為我終身保障用的，我不想去解約。我家的房子更是全家人生活的所在，絕對不能賣。這也不能，那也不能，這些怎麼可以算是我的資產呢？

這正是許多人對買房子的另一大迷思，大家往往誤會資產的定義，以為資產只是有固定價格的「物品」。這樣的迷思，也讓大部分人的金錢觀變得僵化。

🏠 重新認識及活用資產

讓我們談談房子吧！

讀者仔細想想，你是不是這樣思考自己的財產？我的資產包含了流動性高的，也就是我的銀行帳戶，內有

5 萬元；還有流動性中等的，就是我有幾張科技類股股票；最後我還有流動性低的財產，那就是我有一戶從祖先繼承而來的小小屋子。

傳統理財觀念告訴我們，身上必須留存現金，因為我們去超市買菜，或者逛街累了想買杯紅茶，都只能掏現金。至於房子，如果家人不幸發生重大事故，必須緊急籌措一筆醫療費，那時就只能賣房子換現金了。

關於房子，另有一種狀況，可能父母名下有房子，但有一天兒子做生意碰到周轉不靈，於是回家向父母哀求，拜託救兒子一命，把房子賣了籌錢周轉吧！這類案例很多，於是每當有孩子想動長輩房子「歪腦筋」時，就被當做是不孝子。各位讀者想想，這是不是你此刻對房子的定義：一種流動性低的資產。

所以我和簡顧問見面時，當他提及我的保單和我家的房子，前者關係著我的人生福利，辛苦存的保單解掉了，我不就前功盡棄？至於敢動我家房子那更是十惡不

赦，要逼我當不孝女嗎？

　　但後來經過分析我才重新認識，資產若不能活用，只是死的資產。就好比傳統認知裡，家裡有棟房子原本價值 300 萬元，但如今市價已經 1000 萬元了，當你聽了暗暗高興時，長輩潑你一桶冷水：「別做夢了啦！這房子沒要賣啦！管它市價幾百萬、幾千萬都一樣啦！沒有要賣，那些數字都跟你沒關係啦！」

　　真的是這樣嗎？當然不是這樣，資產是可以活用的。房子不是要賣掉才能換取現金，假定十年前貸款 50 萬元，買了一間當時總價 200 多萬元的房子，如今依市場行情，這房子若價格已經漲到 1000 萬元，這些「增加的利潤」在哪裡呢？在房子本身。

　　但我們可以把房子想成是一個戶頭，當我們在銀行存 1 萬元，若提了 5000 元出來，銀行會宣告這個戶頭無效嗎？不會，提了 5000 元戶頭裡還有 5000 元，代表你的「可動用餘額」還有 5000 元。

　　同樣的道理，把房子當成是一個有現金價值的資產，假定原本你戶頭是 200 萬元，現在暴增為 1000 萬元，那就代表你「可動用餘額」增加了，你不需要把帳戶處理掉就可以動支餘額。也就是你可以運用房子，把「尚未運用到」的資金調出來。

　　事實上，若房子有額外價值，我們卻完全不去活用，那才真的是一種浪費。如果是長輩的房子，我們賣掉祖先的古厝，的確會被說是不孝，但我們沒有要賣掉，房子依然是在我們名下，我們只是讓增值的錢找到可以再增值的管道，日後再把借支補回來，並不損害房子的價值。

　　當然，房子畢竟是房子，不是銀行戶頭，所以不可能跟銀行戶頭一樣可以三天兩頭提領，通常只能做一次申貸，等舊債還了之後，有申貸再重新核議。只是許多人完全不了解自家資產有這樣的價值，白白浪費了原本可以錢滾錢的機會。

　　以上是房子的例子，保單其實也是如此。我們應用保單並不是要你解約，而是可以將過往以來累積的資金「活用」，只要在保單到期前填回，事實上並不影響保單效力。

　　對銀行來說，他們其實更樂意借支，畢竟那等於是「自己借出自己的錢」，銀行沒損失又可以賺到更多利息，何樂而不為？而對投資人來說，只要可以將借自保單的錢換成更高的報酬，那就是好的投資。

　　重點在於活用。

　　最後，回歸我的案例，我後來不但可以運用已經累積了超過百萬元的投資型保單，加上自家的房子評估市價已經增值了很多，以此為基礎（而不用管戶頭現金多少），我可以活用的資金一下子多出許多，所以簡顧問說我的條件「太優了」。

　　我後來就這樣把資產調度來的資金做頭期款，結合正確投資，配合桃園房地產的漲勢，短短兩、三年就有明顯獲利，我自己和家人都各自在桃園投資房子，加起來將近十間。

　　那麼讀者要問，這是羅老師個人的案例，那我的狀況呢？其實每個人都有各自的狀況，所以才需要專業的財務諮詢，下面就來介紹更深入的買屋財務分析。

Chapter 17

找出零元購屋的真義

　　大家最關心的問題是：我有能力買房子嗎？傳說中的「零元購屋」是真的嗎？

　　我知道這些年來，因為億萬房產集團的成績斐然，難免招致不同的聲音質疑，其中一個被聚焦的議題就是「零元購屋」。

　　質疑者的意見是，如果不用花錢人人就可以買房子，那背後一定有問題，不是鑽法律漏洞就是玩數字遊戲。畢竟幾百萬元的資產，怎麼可能零元取得？

　　其實這些質疑都誤解了「零元購屋」的意思。如同前面我強調的，每個人的財務不該侷限在「現金」的角度，就是因為只考量到戶頭有多少錢，所以才會有這樣

的質疑：零元購屋？戶頭沒錢怎可以買房子？

　　以我當初買屋來說，我戶頭只有約 5000 元，後來我買屋也不是動用那 5000 元，我是真正零元購屋，重點在於我「廣義的資產」，而非「狹義的現金」。

🏠 檢核自己具備的資產

　　現在起，讓我們以新的角度來看待自己的「實力」。

　　※ 過去：我擁有什麼證照、我的奮鬥歷程累積多少名聲，此外，也包含我的背後資源，包含父母、親族以及有力的企業家願意支持我們。

　　※ 現在：戶頭裡有多少活期存款、多少有價證券，以及名下有多少資產，包含汽車、房子及珠寶字畫等。

　　※ 未來：

　　　　A. 我的財務願景是什麼？例如在上市高科技公司擔任主管，預期每年薪資含紅利會有至少 300 萬元。

B. 我是年輕有為的青年，未來還有大好歲月等
   我去打拚，闖蕩出一片世界。

C. 別忘了，當我們買房子時，房子雖然是借貸
   取得，但房子已經成為一項有增值空間的資
   產，並且銀行通常會擔任第一順位的債權人。

以上的實力評估才是我們真正看待自己是否有能力
購屋的主要依據。或許有讀者好奇，所謂「未來還有大
好的歲月」，這應該只是文學式的描述，跟貸款評估沒
關係吧？然而事實卻是，「青春」的確跟貸款有關，這
我在後面會進一步說明。

根據以上所列，我雖然當時手上的「現金」只有幾
千元，但簡顧問評估我實際可以「動用」的資金卻超過
百萬元。

這部分的計算方式如下：

※ 保險部分

1. 保單不需要解約，我依然每年每月定期繳交應繳的保費。

2. 過往十幾二十年累計的保單價值，已經超過百萬元。

   （請注意：保單價值，不等於每月存款 X 存款期數，因為每期繳納的錢，只有部分是列入保單投資，其餘的已列入保險風險分攤，實際的精算依然要和各保險承辦人員確認。）

3. 依照不同保險公司的規定，保單借款的流程和額度不同。但基本形式相同：

   A. **提出申請**：只要年滿 20 歲以上自然人，都可以透過自己的保單承辦人員提出申請。基本上我們設定想要投資買屋的朋友，至少要 20 歲以上已入社會工作，這樣才比較有資源。

   B. **簡單審核**：基本上，由於保險戶頭裡是自己

的錢，所以不用像申請房貸或信貸般有很嚴格的層層關卡。即便如此，保單借貸依然要審核，一般需要一到三天。之後保險公司就會聯繫申請人，告知可擁有的貸款額度及利率是多少。

C. **動支款項**：這部分就比較簡單了。通常保險公司若本身結合金控系統（例如國泰人壽跟國泰世華銀行連結），那麼就可以採取隨借隨還的形式，透過 ATM 就可以借還款了。

必須注意的是：

1. 不是所有保單都可以做保單借款，例如一般壽險、醫療險、意外險等，這些是「純保險」，保障身故或發生意外時有資金可以救急，其不具金融投資性質。

2. 雖然保單可以借款，但這裡強調的是**用低率把**

　　錢借出來，投資在高報酬的品項。如果借款是
為了吃喝玩樂，那就會讓過往的投資前功盡棄。

※ 房屋部分

　　也就是所謂的「增貸」。房子如何增貸，以及如何
將資金調度變成眼前投資房地產的自備款？這部分需要
更多專業，對讀者來說，最重要的是了解「原來可以動
用的資金比想像要多」，再委由專業房地產投資顧問指
導即可，這部分我們將在後面做進階說明。

🏠 檢視自己舊有的房產

　　房子是寶貴的資產，如果家中長輩過往有置產，或
自己曾經貸款買過房子就知道，假定十年前買的房子，
現在來看資產價值肯定比原先購買價上漲，特別是位在
建設開發地區的房地產，十年前跟十年後對比，差價可
能有上百萬元。

看到這裡，許多人可能會有兩個問題：

1.　我已經買過房子了，貸款還在繳，這樣即便看到現在房市大好，還可以繼續買房子嗎？

2.　我本身沒有房地產，但家族有，而這房子是長輩的「起家厝」，很寶貝的，我可以「借用」嗎？

許多時候大家以為向銀行借款是「有求於銀行」，卻忘了，銀行的生存有賴於更多「借與還間的利差」，倘若大家都不來借錢，銀行工作人員就得喝西北風了。因此，當我們名下有已經「增值」的資產，想要跟銀行增貸，銀行端是很歡迎的。

現在，我們站在銀行端來思考，十年前，A 房產市價 400 萬元，某甲以 350 萬元購得，貸款 280 萬元買入。在銀行端：

1.　在房屋鑑價過程中，以保守計算方式，例如市

價 400 萬元，他們可能再打個八折計算，只估
算 320 萬元。

2. 借 280 萬元給某甲，二十年貸款期限就可賺取
   二十年的利息。

3. 若不幸某甲後來繳不起貸款，銀行也不必擔心
   損失，因為身為第一順位債權人，只要把房子
   處分掉，也就是所謂的法拍流程，就可以把借
   出的錢拿回來。

以上是銀行站在不敗之地。

十年後，若 A 房產依照當地市價已經增值到 1400
萬元了，在銀行端：

1. 依然每月收取利息。但其實市值 1400 萬元的房
   子，當初卻只以 280 萬元借貸的基準計算利息，
   是有點可惜的。

2. 透過增貸，例如某甲跟銀行申請增貸，因為 A
   房產已經增值，銀行端保守八折計算，1400 萬

元的八折約 1120 萬元，這個金額扣除掉當初某甲借貸以及扣除掉十年內已償還的本金，假定還有 700 萬元的空間，那麼這 700 萬元就是某甲可以增貸的「額度」。

3. 當某甲申請增貸，在其他條件（包含某甲的薪資、其他月收入狀況及信用評比，這部分後面會在說明）都考量也符合的情況下，銀行可以再貸出 700 萬元，並且每月賺取以 700 萬元為基準的利息。

4. 若某甲後來不幸繳不起貸款，銀行依然不用擔心，因為房子已經增值，透過法拍市場，銀行還是可以取當初借出的金額。

　　以上是簡單的舉例，現在回歸到我自身的案例。當初我透過家中的原屋，取得長輩同意後可增貸金額是 160 萬元，加上我的保單可質借金額，我可以運用的

金額竟然高達 250 萬元以上。當然，「可運用」金額不代表就是「一定得動用」的金額，每個人可以依自己的情況，考量每月還款能力，例如也許只動用其中 100 萬元，重點是，從前每個人可能不知道自己有這樣可動用的金額，現在知道了就可以了解，所謂「零元購屋」正是源自於此。

我當初透過增貸買的房子，在兩年內有個好的買賣時機，於是便將房子獲利賣出，其價差絕對可以補回當初增貸的 160 萬元。

簡單跟讀者分享當初的計算流程：

1. 以 700 萬元購買房子，其中 140 萬元自備款及 20 萬元的雜支，來自原屋增貸（暫時不考慮保單借貸），其中 260 萬元是銀行貸款（700－140 ＝ 560）。

2. 房子後來配合市場漲幅，售出時實收價格是 830 萬元（為了方便計算，已扣除仲介費）。

3.830 萬

一560 萬（還新貸款銀行）

一160 萬（還舊貸款銀行）

＝ 110 萬

即便扣除稅款及雜支成本，依然還有獲利 60 萬元。

以上尚未列入買屋期間的租金獲利，而整個投資期間，我依然有正職工作，繼續賺我的月薪。當初動用的自備款也並非戶頭的現金，而是舊屋增貸，如此我可以在完全也不影響原本生活的情況下，短時間就賺到許多人一整年才能賺到的收入。

這就是零元購屋美妙的地方。

Chapter 18
貸款還款都有學問

　　換個角度看世界，是不是看到了很多新的可能？

　　相信許多讀者開始躍躍欲試，重估自己的資產後，也想要來一起參與投資了。

　　在這裡我也必須鄭重說明，前面所講的是了解自己實際的財務能力，但這並不代表你「一定」可以買屋。例如某甲跟某乙同樣家裡有著一間市價 1000 萬元的房子，也同樣有價值 100 萬元的保單，但某甲可以貸出一筆錢當做自備款買屋，某乙卻不可以。問題並不出在資產面，而是在個人的「信用面」，關於這部分，我們接著進階說明。

🏠 貸款資源必須搭配還款能力

前一章，我們站在銀行角度想事情，介紹了銀行思考模式是「如何獲利」，當某甲的資產增值，代表可以借貸的金額更多，讓銀行賺更多利息，這部分銀行很歡迎。然而銀行這邊還要考量一件事，那就是某甲的信用面，也就是還款能力。

假定某甲經評估後還有 300 萬元的資產動用額度，然而某甲目前處在失業狀態，每月明顯沒有收入可以還款，那麼很抱歉，額度歸額度，某甲還是不具備可以借貸的「資格」。

到底銀行要如何評估個人信用，進而做出具體核貸的判斷呢？這部分牽涉到更複雜的精算，包含銀行內部的個人信用評等模式、貸款風險評估參考值，以及不同銀行有不同的貸款風格……等，例如有的銀行看重的是存款現金，有的看重的是工作的企業規模。

在此僅提供每個人都可以快速計算的個人貸款能力

　　簡單評估，先來談評估的大原則，個人基本貸款評估包含兩個主項目：個人的貸款資源及個人的還款能力，以上兩者合併評估，才能決定一個人的貸款額度。

　　貸款資源包含了本身具備的有價資產，例如前述我老家有間房子；而還款能力也就是借貸人每月還款的實力。最佳的情況是貸款資源和還款能力都很強，亦即有足夠的資源，包含房地產以及家族後援，本身的薪資也不錯，這樣的人要借貸基本上不會有什麼問題。

　　附帶說明一點，所謂資源包含硬實力和軟實力，直屬於名下的資產是最佳硬實力資源，例如名下有房地產；軟實力資源則是所謂的「**擔保人**」，好比說某甲既沒資產收入也不豐，但他的乾爹是某某集團的總裁，可以在他購屋時擔任保人，自然核貸機率就會大增。但必須說明的是，這類情況不保證可以百分之百貸到款，最好還是借貸人本身的實力夠強。

　　如果具備貸款資源，但還款能力不佳，典型的情況

就是有正職，但薪水推算的積分不足（銀行會有一套還款能力計算辦法）。這時候，若經過評估真的很喜歡投資的物件，一樣可以設法申請到有限度的貸款，這部分就是屬於信貸。必須聲明的是，這並非我們鼓勵的最佳買屋模式，結合信貸購屋只是一種彈性做法。

若貸款資源和還款能力都不佳，大概就真的無法貸到款了。實務上，我們集團所稱的「零元購屋」，也必須植基於在一定的貸款資源和還款能力條件基礎下。

如果有人口袋沒錢，卻又意志堅強的想買房子，那就只能走私人借貸管道，例如民間標會、親友私人借貸等等，但我們從不鼓勵來諮詢的朋友跟地下錢莊借貸。

有部分媒體誤解億萬房產集團的「零元購屋」，以為我們是明明沒錢卻靠各類借貸硬要生錢出來，導致買屋人背負著難以負荷的貸款壓力，這並不是事實。也希望讀者認清植基於「聰明財產分配」所做的理財，才真的做到既能「零元購屋」，也能輕鬆投資獲利。

🏠 了解自己可以借到多少錢？

接著我們就來具體計算自己的還款能力，最簡單的計算方式就是每月收入的六成。例如某甲的月薪 5 萬元，月薪的六成就是 3 萬元，也就是說，某甲每月的還款能力是 3 萬元。假定某間房子精算後，某甲每個月必須繳交 30100 元的房貸，銀行就不會核貸，因為已經超過某甲的還款能力了。

這裡我們再進階說明：

※ 每月的收入認定

這裡指的是可以「提出證明」的收入，最典型的就是公司的薪資條，上面列有明細，例如底薪 25000 元、津貼 1 萬元、主管加給 1 萬元、獎金 1 萬元，扣掉勞健保及雜支 5000 元，每月實領 5 萬元。

每月收入指的是實際領到的薪水，好比說薪水號稱 5 萬元，但扣掉勞健保及雜支後只剩 45000 元，那麼每

月的收入計算只能以 45000 元做為基準。如果薪水是直接匯入薪資指定帳戶，那是最完美的，可以清楚秀出每月的真實進帳。如果貸款銀行就是你的薪資帳戶銀行，收入就會更加清楚，貸款評估也更為容易。

如果每個月薪資存摺裡秀出的金額，跟號稱的每月薪水不同，那就會有爭議。例如有人說自己每月薪水 5 萬元，但老闆實際匯入 35000 元，另外 15000 元支領現金，這樣就難以認列 5 萬元為每月收入。

同理，這也是為何上班族最受銀行貸款部門歡迎的原因。因為很多行業沒有薪資證明，他可能是擺路邊攤號稱月入 10 萬元，可能是做網路商城每月進帳 10 多萬元，甚至自己說是開公司仲介小生意，每月賺幾十萬元，可是這些都難以「證明」。

此外對銀行來說，這些非薪資收入也比較不穩定，例如可能某人網路賣商品這月大豐收，賺了 20 萬元，但到了下個月商品退流行了，他的購物商城生意冷清。

　　也因此，包含軍公教人員及五百大企業的員工都比較受銀行歡迎，不是因為他們收入很高，可能很多行業的收入比軍公教及科技公司員工還高，但銀行看重的是穩定性。能夠確保未來二十年內，借款人每個月都能準時還款及繳納利息，這才是銀行眼中的好客戶。

※ 每月的還款力認定

　　假定某甲的每月實質薪資是 5 萬元，並且有薪資存摺可證明，那就代表某甲可以申貸額度 3 萬元（即薪資六成）為基準，反推回去做為貸款金額嗎？事實上並非如此，銀行還需考量以下兩個項目：

1. 有沒有其他貸款

　　如果某甲手上還有三筆小額貸款，例如學貸每月還 1 萬元，信用卡借貸每月還款 5000 元，機車分期貸款每月 6000 元。

如此：

30000－10000－5000－6000 ＝ 9000

實際上每個月只剩下 9000 元的額度，這樣小的額度要買房子幾乎是不可能了。

2. 個人的信用問題

如果某甲目前月薪 5 萬元，並且沒有其他貸款，然而從銀行聯徵上看到某甲過往經常有信用卡遲繳的記錄，甚至有欠款兩個月不繳，銀行已寄出存證信函才補繳，這樣某甲也有可能無法申貸成功，因為會被認定是「還款能力有問題」。

以上只是銀行核貸的大方向，至於核貸細節，各家銀行亦有不同。例如，個人的信用認列，不同銀行的積分不同，某甲可能過往有三次信用卡遲繳記錄，這件事

在A銀行過不了關，但可能在B銀行尚可接受，因此有的人貸款送件必須跑很多家銀行。

此外，以上的計算都是植基於金融體系，銀行很早就已有金融連線，也就是所謂的「網路聯徵」，一個人無論欠房貸、車貸、信貸，或者信用卡、現金卡，任何金流都無所遁形。

但這裡並不包含民間私人借貸，例如某甲每月薪水5萬元，聯徵裡沒有其他貸款，然而實際上他每個月要分攤家中看護的薪水1萬元，還有私人借貸每月分期還款1萬元，這兩筆錢是聯徵資料裡看不到的，也就不影響某甲每月以3萬元為還款基礎的核貸額度。

當然，所有的計算終究還是為了借款人好，如果某甲藉由資訊隱瞞成功的超額核貸，但每個月光是房貸本金加利息就要繳3萬元，若是再加上其他檯面下的費用，每個月入不敷出，日子過得很辛苦，就不是我們樂見的情況。

　　只有認清自己的實力，也清楚自己每個月最多可以
負擔多少房貸，那樣的前提下再來借款，就可以既不影
響生活，又能追求投資房地產的增值願景。

Chapter 19

年輕人只要培養好條件就可以貸款購屋

　　談到數字，很多人都會感到頭昏腦脹，但想要投資獲利，還是必須對各種投報數字有一定瞭解比較好。

　　例如前一章提到，假定月薪 5 萬元，每月還款能力評估是 3 萬元，3 萬元如何反推可以買多少錢的房子呢？

　　假定房貸利率是 1.6％，那麼反推回去，假定二十年期房貸本利攤還，則最高可以借貸的金額是約 630 萬元，以一般自備款二成、銀行貸款八成來換算，即有 788 萬元左右的預算。

　　不過實際買屋還要負擔仲介費、稅務及行政支出約 2、30 萬元，保守估算，也就是假設月薪 5 萬元，只能尋找總價 750 萬元內的房子，扣除銀行借貸的 630 萬元，

亦即需準備 120 萬元的自備款。如果自備款不足，就要反過來先以自備款做評估依據，例如自備款只有 100 萬元，那就只能購買大約總價 500 萬元的房子。

以上是簡單的計算，為了方便讀者更了解自己是否有實力買房子，接下來以不同背景的案例做說明。

貸款案例分享

以下皆為真實案例，但為方便說明，相關數字會以整數呈現，以方便計算。

案例分享 1

客戶：林小姐──40 歲上班族

背景優勢：擁有自住的房子

在客運公司上班的林小姐，每月薪水 3 萬元，她的活期存戶裡可動用的資金只有 10 萬元。以這樣的經濟條

件，林小姐覺得自己不太可能買屋。但經過和顧問諮詢後林小姐才知道，原來她現在自住的房子也是可以靈活運用的，透過跟銀行增貸，她不需要賣屋，並不影響她原來的居住生活。

首先針對原屋進行估價，從年輕時買屋到現在，林小姐的房子已增值好幾百萬元，經評估後銀行還可以再借給她 400 萬元。400 萬元的增貸加上 10 萬元的銀行可動支金額，林小姐有 410 萬元的自備款。

不過為了不讓生活壓力太大，林小姐只打算動用一部分的原屋增貸額度。最終，我們幫她在桃園買到總價 500 萬元左右的物件，她輕鬆準備了 120 萬元的自備款，其中 20 萬元做為各項雜支費用，實際房貸自備款 100 萬元，就擁有了人生第二間自有資產。

然而林小姐每個月要負擔二筆房貸，原屋借款 300 萬元，原本尚欠 180 萬元，加上增貸 120 萬元，共計 300 萬元。前兩年只支付利息，若以貸款年限 30 年來看，每

個月支出約為 3200 元。另外新屋借款 400 萬元，前兩年只支付利息，以貸款年限三十年來看，每月支出約 4300元，以上二筆房貸利息支出每月共 7500 元，加上管理費等雜支，大約共計 9000 元。

而林小姐的月薪 3 萬元，若以貸款支出占六成計算，林小姐每月可承擔 18000 元，所以每個月 9000 元的房貸對她來說沒有負擔。

而且實際上她還有房租可收，那間房子每月為她帶進 16000 元的租金，也就是說，扣除房貸支出後，每個月還多出 7000 元的非薪資被動收入。

隨著經濟繁榮，林小姐在桃園買的這間房子增值很快，她大約在兩年後賣掉，有了數十萬元的獲利。

持續套用這樣的模式，如今林小姐已經擁有兩間房子，她原來的房子也已經用買賣價差賺取的獲利將貸款還清，讓她有實力購買價位更高的房子，進而隨著都市發展，賺取更多的利潤。

- **備註**：並不是任何人手中的房子都可以辦理原
  屋貸款，例如去年剛買的房產，就不太可能做
  原屋增貸。

案例分享 2

客戶：羅小姐── 55 歲店員
背景優勢：擁有三十年期的保單

從小就熱愛烘焙、在蛋糕店服務的羅小姐，每月薪
資收入是 36000 元。由於她要照顧家人，加上過往沒有
特別學習理財，因此多年來並沒有什麼積蓄。不過她從
小就在家人鼓勵下買了投資型保單，累積到現在，價值
已經超過 100 萬元。

由於手頭上沒有存款，因此羅小姐算是典型的「零
元買屋」。關鍵就在於她的那張保單，透過保單質借，
我們幫她圓了購屋夢。雖然只是位在桃園小小的套房，

總價只有 360 萬元，但確實幫她圓夢了。

　　這房子的貸款總額是 288 萬元，羅小姐自備款只要 72 萬元，加上各種雜支約 10 萬元，這些自備款資金額度就來自她的保單質借。由於她的年紀屬於中年人，貸款年限比較有限制，最多只能申貸二十年，以此換算的利息，每月要繳交 8300 元。

　　這房子麻雀雖小五臟俱全，加上原本就有基本裝潢，因此很快就租了出去，為羅小姐每個月帶來 1 萬元的租金，也就是說，租金扣掉每月繳給銀行的利息後，還能淨賺 1700 元。

　　兩年後羅小姐將房子以增值價格出售，她不但將原本的保單質借金額償還了，由於手中自有資金更多，後來又投資了更高價位的標的，也賺了更多錢。

　　直到現在，羅小姐都還覺得真不可思議，當初只是基於一時好奇才去做財務規劃諮詢，當時壓根不認為像自己這樣戶頭沒錢的人可以買屋，沒想到原來保單還可

以這樣應用，讓她長了一分知識，也就開拓了不一樣的人生。

1. 保單借款

　　以保單借款來說，任何人若名下有投資型保單、基金型保單、儲蓄型保單等，其實都可以試著和保險公司了解，如果有一天要借錢，這保單可以借出多少錢。當然，詢問並不代表一定要借，只是讓自己多了解自己的資產狀況，對將來投資規劃也會有幫助。

2. 保單利息

　　借錢當然要付利息，就算保單是自己的也一樣。但保單借款的利率不高，通常年利率是 5％，也就是假定借 100 萬元，那麼一年只要支付 5000 元利息就好，而且質借期間保單的效力仍在，我們也依然固定繳納保費。

　　舉一個較極端的例子，若後來保單質借出來的錢都

沒有還回去，結果會怎樣呢？只要保單沒有解約，依然擁有保障。假定原本期滿可領回 180 萬元，但借了 100 萬元沒還，保險公司只會支付妳 80 萬元。

3. 貸款的年齡限制

　　貸款跟年齡有關，這是許多人沒有留意到的，那是因為大部分投資人買屋都還在中壯年，所以比較不會遇到年齡問題。但本例中的羅小姐已經 55 歲，就必須考量到貸款時的年紀。

　　基本上，銀行的貸款年紀設定 75 歲是上限，也就是假定借款人就算長壽，到了 75 歲也難以有自立工作賺錢的能力。以此為基準，一個人跟銀行申貸時的年紀再加上三十年，如果沒有超過 75 歲，就可以申請三十年期房貸。假定某甲今年 45 歲，他買屋如果想要申請三十年貸款，就已在期限邊緣，銀行很可能只能核准二十年期的房貸。

　　而若申貸人已經 5、60 歲，貸款難度就更高了，例如一個 60 歲的婦人要申請貸款，理論上最多只能申貸十五年，實務上銀行的審核標準可能更嚴格，必須有足夠的資產擔保，或者家中年輕人願意當保人才可以。而就算核貸了，每月繳交的本利也會相對高很多，同樣的貸款金額，二十年期跟十五年期的利息，分攤到每個月差距是可觀的，這一點是高齡借貸者必須特別留意的。

案例分享 3

客戶：陳小姐──50 歲看護

背景優勢：月收入不錯

　　本書有關貸款買屋所舉的三個案例，我特別找出不同的財務背景狀況，而且這三位都是女性，我想藉此強調，傳統認知裡女性比較是社會地位偏弱勢者，但即便如此，也都可以在看起來自備款不足的情況下成功買

屋，最終也成就了高投報利潤。

　　本案例主角是資深看護，月薪高達 75000 元，以上班族標準來說算是不錯的。但她也是因為過往家庭狀況的種種問題，總之當她來諮詢時，戶頭並沒有什麼存款。然而經我們評估後，最終還是幫她以 700 萬元買到一間房子。

　　如同我們前面介紹過的，一個人要買屋需要具備兩大要件：一個是貸款資源，一個是還款能力。以陳小姐的案例來看，雖然她沒有什麼資源，但是她的月薪夠高，具有還款能力。

　　以 75000 元為基準來換算，陳小姐可以負擔每月 45000 元的貸款，並且還有 3 萬元的生活費。

　　不過因為她沒有房子或祖厝可增貸，我們後來建議她，自備款以信用貸款的方式取得，本物件總價為 700 萬元，銀行房貸借款八成 560 萬元，另外有一成裝潢金借貸，另外以其他信貸方式借到 70 萬元。

　　其每月須繳納的利息，在房貸部分，總金額 560 萬元，不過因陳小姐年紀較大，只能申請二十年期，前兩年只繳息，利率 1.5％，每月還款 7000 元。

　　信貸部分總金額 140 萬元，這部分期限較短，利率也高出很多，每月要繳納約 2 萬元。加總起來，陳小姐每個月要繳息 27000 元，以她的薪資來看，還在可負擔的範圍內。

　　她那間總價 700 萬元的房子條件很好，在專業服務下很快便出租出去，並且後續跟房客的關係都維持得很好，為陳小姐每月賺到 18000 元的租金，因此陳小姐每月實際負擔只有 9000 元。

　　而信貸的利息雖然高，但陳小姐以投資角度來看，房子在兩年後以當時市價賣出，獲利後清償掉所有債務，讓原本戶頭沒錢的她有了上百萬元的進帳。此後陸續在專業指導下成功的投資房地產，讓生活更美好。

🏠 所以，年輕人你可以買屋

最後為「零元購屋」做個總結。

讀者可以看到，所謂零元指的不是身無分文就可以買屋，而是必須具備一定的條件。我們強調的重點是，很多人原本具備可以買屋的條件卻不自知，以為自己與買屋無緣，所以我們透過巡迴講座分享，要幫助許多人成家圓夢。

那麼，一個二十幾歲的年輕人可以買屋嗎？答案仍是要具備貸款資源及還款能力，二者都符合才能買屋。但至少可以確定一件事，過往常聽聞的「年輕人一輩子都買不起房子」，這件事是錯誤的。

假定一個年輕人剛從學校畢業，在職場上找到了工作，也決心不靠家裡資助，想要自己闖一片天。這個年輕人現在可以買房子嗎？若年輕人前來諮詢，我們會誠實的告訴他：「你現在的條件沒辦法買房子，但聽過我們的專業分析後，你可以設定一個買房目標。」

　　我們的建議如下：

1. 找到利基點好的工作

　　以銀行的立場來看，銀行喜歡借錢給「工作穩定」的人。如果一個年輕人想要累積貸款優勢，那麼在職場上就該盡量找公司資本額高、有一定名聲、最好是上市上櫃的企業。此外，從事公職或當老師等穩定性高的工作，也會建立貸款優勢。

2. 快速存一筆錢

　　另一個有助於貸款的方式，就是自己要先存第一桶金。相較之下，傳統領薪水的工作比較難累積金錢，因此年輕人不妨可以勇敢的挑戰高薪業績工作。業務工作一開始可能比較辛苦，然而一旦培養出實力，月入 7、8 萬元以上所在多有，甚至冠軍業務還可能每月坐擁六位數字的收入。

當然，業務工作還是要挑選可以申報薪資的，例如有基本底薪或是有薪資存摺可以提供給銀行當作高收入證明，如果每個月純領獎金，但無法證明所得，將來貸款就相對不那麼容易了。

3. 建立資源

許多時候社會是現實的，一個人剛入社會時，收入還在累積，也不可能有高額保單，也不一定有家中遺留的房地產等資產。這樣的人就算表明自己有志氣、有抱負，銀行也會等你幾年後存夠錢再來。

不過有一個節省時間的方法，那就是找到足夠人脈資源。這類資源有兩種：

A. 親族資源

最好的資源，當然就是自己的家人，若父母有一定的社會地位，就可以請父母擔任買屋的保人，這不表示

自己是「靠爸族」，因為每月的房貸還是由自己繳納，只是借用爸媽的財力當證明，讓自己可以借到房貸。當然，由於薪資還不多，所以只能買到坪數小、總價低的房子。

另一種家人資源是，結婚也有助於貸款，因為夫妻兩人的收入可以合併列入計算。可能夫妻一起買屋，或者其中一方買屋、另一方當擔保人，假定一個年輕人收入有 3 萬元，夫妻兩人加起來就有 6 萬元了。

B. 社會資源

年輕人買屋主要缺的是自備款，但我見過許多案例就是年輕人力爭上游，在職場上做出一定成績，當老闆賞識一個人或者有金主看中一個年輕人，是願意低率甚至無息提供借款，讓年輕人有自備款買屋的。畢竟對一個財力雄厚的老闆來說，借個 100 萬元對他來說只是九牛一毛，但年輕人就可以開始踏入房地產理財市場。

　　至於還款，如果是老闆借給員工，就可以從每個月的薪資裡面扣，也可以加強員工對公司的忠誠度。

　　總之，年輕人是可以買屋的，就算沒有以上的種種優勢，也就是只在普通的小企業上班、擔任非業務工作的專業人員、不依賴家庭資助，也沒有貴人當金主，依然可以設法買房子。

　　假設年輕人 22 歲入社會，在不影響生活品質的情況下，少買一些名牌包或逛夜店等花費，也少一些無意義的社交，每月訂下存錢目標，那麼從 22 到 29 歲七年間，肯定也可以存下一筆可觀的錢。

　　此外，七年也足夠累積豐富的職場資歷，讓貸款時的申請條件更加漂亮。如果到時候也結婚了，夫妻齊心，29 歲年紀絕對還算是年輕人，當時不但可以買屋，只要找到正確的投資物件，那麼「五子登科」也不成問題了。

　　其實最大的門檻還是在每個人的「心」，請相信自己是有能力買房子的，如果能力尚有不足，努力去累積資源就是了。年輕人買屋沒有問題，任何努力上進的人買屋都沒有問題。

Part 5

整合服務篇

擁有平臺，讓團隊帶你成功致富

主述者：億萬房產集團超級業務戰將／陳俊菘

主述者簡介

經驗豐富的房地產達人，在加入億萬房產集團前
就已是著名的業績戰將。加入億萬房產集團擔
任店長後，一年之內個人單月破百萬業績六次，
也多次帶領團隊獲得競賽錦標，他管理的店被譽
為卓越之店。個人已有房產投資經驗上百間，
目前擁有十間房子，是典型的個人業績頂尖，
帶領的團隊也頂尖。

談起房地產投資，許多人視之為畏途，原因之一是房地產牽涉的金額龐大，對月薪只有 3、4 萬元的普羅大眾來說，這些動輒百萬、千萬元的數字，讓人感到很有距離。

原因之二，高資產的交易包含許多環節，交易時也會談到許多專業術語，並且一環扣著一環，有時不免會讓人認為買屋過程有好多事情要煩惱，如果哪一個環節出狀況，就要擔心是否會帶來重大損失。

Chapter 20

一個房地產業務戰將的現身說法

任何投資都有風險，但只要是可掌控的風險，且有高機率帶來豐厚的獲益，都是值得投入的，特別是所擔心的各環節狀況能夠得到專業的團隊支援，不僅僅提供協助，並且還做到全程服務。那麼，當投資人僅需要扮演「核准人」的角色，專業的就交給專業，這樣的投資是比較安心有保障的。

🏠 中年轉行投入房地產事業

碰到總價數百萬元的資產，覺得金額太龐大而不敢去接觸，這是正常的反應。如今我雖然已轉戰房地產業，並且做出一番成績，但當初也是從零開始接觸這一

行，才發現這真是很好的投資工具，而投資致富前，的確要注意到很多環節。

我本身是理工科系出身，當年初入社會從事的是機械設計，後來一個念頭覺得，當上班領薪水的收入無法滿足我生活所需，因此 20 多歲就開始創業。當初的困擾是，若要創立一家公司，不但成本高、風險高，如果一旦失敗，還可能落得傾家蕩產，於是仔細思考什麼是對我最好的方式。

古人說：「大樹底下好遮蔭。」因此我決定加入已經成名的大集團，於是我便加盟便利超商，從此擔任超商店長達十四年，極盛時期名下曾擁有三家店，員工超過 40 人。

當時雖然還未接觸到房地產，但內心有個深切的認知，認為不論創業也好、投資也好，單憑一人之力，要面對種種的社會競爭與挑戰壓力很大，並且會擔心投入的資金血本無歸。然而若背後有大集團支撐，結合專業

化、系統化、制度化的支援，就像是吃了定心丸，拚事業也好、做大型投資也好，內心都比較安穩。

在上市上櫃有制度的通路體系當了十四年便利超商加盟店長，也讓我成家立業過著平順的生活。然而從某個角度來看，加盟便利超商雖是創業的一種，但依然是出賣體力與時間，賺的是辛苦錢。

在坐三望四的年紀，我開始擔心未來的生涯，我擔心若再過十幾年體力沒那麼好時，我還可以做勞力活照顧我的事業嗎？也擔心加盟事業體系依然和總公司有種束縛，我們是每七年續約一次，若哪天總公司政策考量不和我們續約怎麼辦？

在即將評量是否續約的那段日子裡，我也曾迷惘，不知道該何去何從？想到一簽下去，七年後我已進入坐四望五的年紀，那時候就算有什麼夢想也不敢輕易冒險了吧？人在迷惘時會去找命理師父，當時我也去找師父指點迷津，得到的提示是鼓勵我朝業務方向拓展，經過

分析後，覺得跟「土地開發不動產買賣」相關的領域，是一個不錯的選擇。

　　於是在 40 歲前夕，我的人生再次做出生涯大轉變，我以毛遂自薦的方式加入某個房仲體系。在這個領域，我是標準的新鮮人，但以整體員工年齡層來看，我卻算是一個老人，將近 40 歲年紀才來報到，並且是從基層幹起，感覺起來，怎麼一個中高齡的人要來和年輕人競爭工作？當時我的直屬主管都還比我小 10 歲呢！

　　不要以為投資房地產需要什麼豐富的經驗就不敢碰，或以為像我這樣後來成績斐然的人，一定有著業務天賦及專業，如果像我這般年近中年才投入房地產事業，後來都可以大幅改變人生，那麼比我年輕的讀者朋友們，絕對可以更早就享受理財的豐厚報償。

　　重點還是選擇對的公司、對的團隊。

🏠 找對好的房仲平臺才能後顧無憂

　　「三百六十行，行行出狀元」，這社會其實遠遠超過三百六十行了，但在許多行業中我們可以發現，有的行業需要從基礎奠基，像是打鐵匠及民俗技藝師等，可能至少要十年才能熬出頭，有的行業卻是任何人、任何年紀都可以加入，甚至短時間內就可以做出成績。

　　各行業沒有好壞對錯之分，我想要強調的是，房地產投資介於這兩者之間，一方面房地產牽涉到許多環節的專業，絕非任何人以為三天兩頭就可以入手；但另一方面房地產卻又不是那麼難以親近，就算像我這般中年入行，只要有心也可以很快發揮實力。然而，若有人因為對房地產金額太龐大而不敢投入，因此錯失了投資機會，這樣殊為可惜。

　　我本身是 2011 年加入房仲產業的，當時還沒正式開始做這方面的投資，但我入行不到三個月，就對這一行有很大的興趣，也具體做出了銷售業績。房地產銷售也

是業務銷售的一種，只是身為房仲，必須懂得在面對買方與賣方不同立場時，做出最佳的折衝，能兼顧到三方利益的前提下，盡量達成皆大歡喜的交易。

　　銷售關乎人性與人情，過往十多年的超商管理經驗，也讓我對與人應對進退有足夠的圓融以及親和魅力，這讓我在很短時間內，不但業績達標且掄元，並且也快速晉升為主管，從那時到現在也已經八年過去。

　　我入行九個月就已升任副店長，持續累積經驗到第三年，承接了一項重要挑戰。那年是 2016 年，房市景況不佳的一年，有家分店因為虧損了三年，總公司有意收店，但在收店前委託我過去「死馬當活馬醫」，也順便讓我歷練店長的經驗。於是我就單身赴任進駐那家店，所有店員主要來自全新招募，一切從零開始，我必須讓這間分店起死回生。

　　我先以經營者的角度從財務端切入，估算成本後決定大幅改革制度，我將原本的「普專店模式」改為「高

專店模式」，業務員不領底薪，但提高獎金抽成，這樣就大幅省掉每月的人事成本。

我做了一項重要決定，與其讓一群人瞎忙，不如大家靜下來好好規劃，重擬作戰戰略，我先和團隊花工夫去做在地市場研究，接著做出兩個判斷及制定策略：

第一，大環境的不景氣，當地已經收掉了四家店，但危機就是轉機，我們反而有機會深耕在地；

第二，不只深耕並且要精耕，我們把服務範圍縮小，只專注在以該店為中心方圓五百公尺內的社區，這樣也才能加強對客戶的服務。

就這樣，我們集中火力，經營好在地五個重要的大社區，包括我自己當時住的社區，以及其他同仁居住的社區，這樣我們就能掌握優勢，因為對該社區熟悉而更能服務到位，也更能獲得信任。原本過往該店每月業績不到 50 萬元，但我接任店長第三個月起，業績就已超過 300 萬元了。

從那個月開始，我經營這家店，一個月都沒有虧損過，保持不敗紀錄，直到後來遇到億萬房產集團呂總才轉換跑道，迎接新的發展。

🏠 從一般房仲體系來到億萬房產集團體系

2019 年，我加入了億萬房產集團團隊，在這裡，我又有了新的戰績。

由於是轉換到全新的房仲體系，所以我依然是單身赴任，面對的是全新戰場，一個我原本不熟悉的區域，並且身邊沒有任何團隊，雖然報到擔任店長，但其實我才是團隊裡的新人。

那時加入的是一個新的房仲單位，我用實力證明，我可以讓該新單位在短短一年後，提升為總公司所有評比的第一名。

其實我也知道，像我這樣的空降人員，大家都有耳聞我過往有多麼厲害，相信很多人內心都想著：「好

吧！我們就來看看你有多厲害？」

　　壓力當然是有的，但我當然不能輕易被打倒，更不能辜負呂總對我的期許，我也知道呂總原本的用心。億萬團隊原本就是表現相當優異的團隊，但如果都是自己人和自己人比，難免就會擔心是否只是坐井觀天，因此從其他房仲體系把我招募過來，藉由我引進來自外界的新觀念。

　　我相信我加入團隊也讓大家感到耳目一新，對房地產市場的關照更為全面，億萬房產集團原本最擅長的是桃園地區的房屋買賣，我則帶來其他房型的交易經驗，包含店面買賣、豪宅買賣，以及一些高單價物件交易的新觀念。

　　此外，業務團隊重視的是團隊合作，但就算是團隊合作，每個單兵也需要有獨立的作戰開發能力。我的加入可以現身說法，刺激團隊每一個人，更多元性的戰力提升，最終受惠的，依然是集團的每個客戶們。

　　我在八年期間累積了厚實的房仲服務經驗，這中間有很多環節，我原本在一家上市的房屋公司服務，中間也轉換過不同的業務模式，後來受到呂總的感召，於2019 年成為億萬房產集團團隊一分子，我的身分及資歷，讓我可以代表不同房仲體系發言。

　　由於我剛好經驗了不同房地產服務公司以及不同的業務模式，我的經歷正好可以作為見證：房地產是一個很好的投資工具，但消費者必須要找對的平臺才能保障自己的權益，並且在整個投資過程裡較無後顧之憂。

　　特別是在比較一般傳統的仲介服務體系跟億萬房產集團服務體系後，我非常鼓勵讀者參與這個體系，將房地產投資這麼重大的事委託給我們，因為這是一個很難得、幾乎對買方全方位照護到的一條龍幸福買屋體系。

Chapter 21

一條龍服務背後的精髓

　　什麼是一條龍服務呢？其實很多行業都做得到，重點是好的服務並不能免費取得，往往要多花很多成本，並且很多時候那些一條龍可能只代表著你的成本大幅提升，但不一定代表服務最滿意。

　　舉例來說，好比有人做房屋裝修，最省麻煩的方法就是委託給一家設計公司統包，消費者只需針對一個窗口，後續從零到完工都由統包公司來負責。但這種模式最好嗎？經驗告訴我們，如果這樣子最好，就不會經常聽見媒體報導某某人跟設計師打官司，或者裝潢的房子不是自己想要的，想重改又已經沒經費了這類的糾紛。

　　如果說單單房屋設計裝潢這部分就經常讓很多買屋

人感到頭痛，更別說在整個房屋買賣交易中，裝潢只是一個小環節了。這樣的話，消費者怎樣可以感受到一條龍服務的優點呢？

　　這正是億萬房產集團的特色所在，呂總創造了全國獨一無二、對買賣雙方都照顧周全的一條龍服務典範。

🏠 核心在於分享

　　億萬房產集團為何能夠帶給民眾最好的服務？重要的關鍵在於分享。

　　分享是一個很重要的理念，是讓團隊成長的關鍵，但分享卻也往往是一般業務性質行業的大忌。舉例來說，保險公司業務能夠彼此分享嗎？這是不太可能的，因為大家都要賺自己的業績，某甲把商機分享給某乙，某乙就會把商機拿走，這樣子某甲還賺什麼呢？

　　在業務圈裡也不時興分享，例如某甲業務頂尖，但他「可憐」某乙沒有業績，於是把業績額度讓給某乙，

這並不符合職場競爭模式，並且對客戶也不公平，客戶是因為某甲才願意買保險的，怎麼可以把單子任意交給某乙呢？

如果保險業務如此競爭，大家各顯神通、自創業績，那就更別說房地產業務了，房地產可是動輒百萬、千萬，不像保險業績一筆保單業務只抽佣幾千元，房屋買賣交易的仲介費是可以達到六位數以上的，因此就更難談「分享」了。

偏偏這幾乎不可能的任務，在億萬房產集團卻做到了，億萬房產集團就是一個懂得分享的企業。也許讀者會好奇，如果業務團隊都一起分享，那就是「大鍋飯」的概念，有才幹者與無能者都共享好處，也許以結果來看，對消費者是好的，但這樣的業務團隊會有競爭力嗎？這裡我就以本身身為業務的角度來做說明。

所謂分享，意思不是業績大家共享，不是業績好的人把賺的錢分給業績差的人，億萬房產集團的分享有以

下三個前提及意涵：

1. 專業分工

　　分享的前提是專業，呂總領導下的億萬房產集團，鼓勵的是「術業有專攻」，不同專長的人各自做好各自專長領域的事，行銷、貸款、稅務、修繕等都各有專精人員。

　　就業務部門來說，同樣是業務工作，每個人專精的主項也不同，例如有人專精開發物件、有人專精銷售物件、有人專精行政支援等等，先追求每個人都是 best，下一步再來加總每個 best，成為整體的 best。

2. 資源共享

　　專業分工後，就可以個別用自身的強項取得該領域的資源。以業務銷售來說，一般房仲產業的生態是，每個人為了達到業績，一方面要設法取得案源，另一方面

自然是要把案子銷售出去。為了做好這兩件事，必須耗費一定的時間，即便在同一家公司，某甲已經取得某個資源，但往往某乙仍必須自己再去做重複的動作，自己去取得資源，因為某甲歸某甲、某乙歸某乙。

然而億萬房產集團強調分工及分享，並且有一套制度來搭配，也就是大家可以既省力又賺錢，好比說開發組已經努力去開發了很多物件，銷售組只需全力去拓展就好，之後的業績可以雙方均分，皆大歡喜。

這樣的制度並不妨礙個人的努力，畢竟大家都已經分享資源了，可是如何善用這些資源，依然和個人的努力有關，這無礙個人的業績積分。

3. 跨部門整合

如果單單是團隊互助合作，這部分很多企業也做得到，甚至很多企業也有資料庫的概念，也就是由總公司負責規劃及統合，盡量讓第一線業務員可以無後顧之憂

往前衝，等接到生意後，背後都有團隊接手售後服務。

　　然而在億萬房產集團不只做到資料庫分享，而且已經建立了跨部門的整合，對客戶來說就是一條龍式服務，對內部管理來說，則是一條真正彼此串聯、利益共享的資源線。

　　傳統的資料庫分享，畢竟業務部是業務部、客服部歸客服部，在號稱共享的背後，依然是各自為政。但在億萬房產集團的體系裡，真正做到業務銷售、買屋看屋、整修裝潢、會計稅務……等，所有的環節彼此相扣、彼此關心，每件事都和客戶息息相關，也和每位集團成員息息相關。

　　因此當客戶投資房地產時，可以享受一條龍服務，那不只是口號，而是整個集團制度化整合的結果，這也是臺灣房地產事業獨一無二的成功經營模式。

🏠斜槓專業服務比不上制度化的一條龍服務

「資源共享」對我這來自其他房仲體系的人來說，最能感同身受。過往我領導團隊開疆拓土，打造所屬分店業績時，我會訓練團隊成員，基本的業務銷售技巧，以及為個別的業務員做打氣或輔導，但這些都屬於「培訓」及「管理」範疇，並非資源共享，畢竟每個人如何打造自己業績，這部分依然得各憑本事。

然而來到億萬房產集團後，這裡強調的是先找出每個人的優勢，然後讓一個人聚焦他的優勢，至於其他部分，團隊會盡全力來做他的後盾。

以我本身來說，我專精的是高總價物件，包含黃金店面、透天別墅、高總價社區大樓及廠辦等，都是我的專長。但在集團裡，我被鼓勵對各單位演講，傳授我的銷售理念，但這不影響我的業績，因為整個團隊超過300人，他們全變成我的後援。今後他們在各自負責的地區，把他們看到的黃金店面、廠房買賣訊息傳給我，

等於我一下子多了三百個分身，這些分身傳來的資訊都有助於我，這就是分享的魅力。

過往以來，許多企業團隊的戰力都消耗在重複多工，在人才培訓時也鼓勵多元化培訓，以房仲來講，他不但要懂得開發和銷售，還要懂得稅務等領域。

實務上，多元化培訓當然沒錯，這可以當成是一個「目標」，甚至各行各業都可以如此，也就是說，每個人一進入職場，都要設法讓自己做到十項全能，套一句現代的流行術語，大家都要讓自己變成「斜槓青年」。

但理論歸理論，實務上我們面對的是客戶，是要對客戶負責的。假定今天客戶跟某甲買房子，某甲拍胸脯保證他會服務到讓「客戶滿意」，但實際上卻是心有餘而力不足。

過往以來，經常有客戶在買賣房屋上吃了虧，好比說有人賣房後被課了很重的稅，質問承辦的房仲業務時，他只能兩手一攤說：「稅務不是我的專長。」結果

就是，表面上一個人想要什麼都懂，實際上對客戶的服務卻是東缺西漏的，這也是傳統房仲交易模式很大的弊病之一。

讓每個同仁做到全方位學習，這件事雖然很重要，但這是屬於個人職能提升的領域，可是客戶不能等到每個業務專員學會了才得到服務，那樣不但緩不濟急，實務上也是不可能的。

真正可以全方位照顧到客戶的，還是制度化的一條龍服務。接下來就介紹我們的一條龍服務。

Chapter 22

獨一無二的一條龍

　　站在客戶的角度來看，一條龍服務就是當他想完成一件事的時候，不需要操煩每一個環節，這是最簡單的定義。

　　但實務上單單這樣的一條龍還不夠，還必須包含：

1. 誠信以及專業，是最基本的條件。

2. 每個環節都須站在客戶角度，以最優質條件處理。如果一條龍必須耗費額外成本，例如整合處理費等，那就不算優質的一條龍。

3. 客戶必須保有每個環節的決定權。以這樣的條件來看，生活中很多的一條龍，包括委託統包但需收取額外的管理費，或者名義上是客戶的

案子，實際上卻都是受委託者獨攬大權，那就不是合格的一條龍。

🏠 億萬房產集團的一條龍服務

在集團有幾條可以琅琅上口的服務箴言：

買到優質投資物件，

協助貸到高額貸款，

房屋裝潢修繕，

協助出租及管理，

協助獲利物件售出，

協助申報房地合一 。

以上看似個別的購屋注意事項，然而將之整體結合起來，正是億萬房產集團的一條龍服務，亦即：

1. **買屋**：不僅僅找到好的物件，也必須找到對的

物件。對某甲來說是對的物件，對某乙來說不一定是對的物件，所以要適當配對。

2. **貸款**：協助想買房子的朋友先做財務諮詢，再做貸款建議，後續貸款實務也會全程專業指導。

3. **裝修**：中古屋買來時不免會有種種狀況，不論是成交時就已發現的狀況，或屋子持有期間發生的問題，都有專人處理。

4. **出租**：房子買賣自然不是幾個月的事，如果物件持有一年以上，這期間要讓房子為投資人帶來收益。而這部分牽涉到惱人的租客尋覓過濾及管理問題，如今這些問題都不需煩惱了，因為也有專業人員代勞。

5. **售出**：投資房地產，選擇在適合的價位，徵得投資人的意願後售出獲利。

6. **稅務**：房子在買賣之間，不只牽涉到房價，也牽涉到後面行政及法律登記流程，而且包含稅

務問題。這部分不是每個仲介都懂，而在集團則有專業人員負責稅務這塊的諮詢及協助報稅。

以上六個大環節中，每個環節又包含了很多細部環節，例如以租屋為例，就包含挑選房客、簽約、收租及處理房客抱怨處理……等等。所謂一條龍服務，就是以上六大環節都由團隊一併服務，最典型的狀況是，一個投資人可能只在開頭的時候「負責」從精挑細選的物件中，挑出自己喜歡且符合財務狀態的，後續幾乎就不用再煩惱什麼。

例如某甲買了一個物件，一開始和銀行接洽這部分要填寫的資料，以及和代書這邊要填的資料，當然都需要某甲親自出面。但房子成交後，某甲可能長達一年以上都不要操煩什麼，甚至有人「幾乎忘了房子的存在」，每月的貸款從戶頭中扣，金額一定是足夠的，因為每月入帳的租金已大過應繳的房貸利息。

這一年期間，投資人可能只知道房子已經出租，卻一次也不用和房客見面，房子若有狀況，好比房客反應瓦斯爐故障要修理，投資人也只會接到集團的客服電話，或者就只透過通訊軟體聯絡。

至於那些最麻煩的瑣事，例如安撫房客、維修估價等雜事都有專人代勞，投資人只需負責說聲：「好吧！你們就去修吧！修理費我再匯過去。」即可。

直到經過一、兩年後的某一天，集團通知目前市場行情不錯，房價已經漲一波了，詢問投資人要不要出售，有的人甚至到此時，早就忘了自己當初買的房子長什麼樣子，但忘了歸忘了，等到房子出售後，進到戶頭裡的現金卻是真的。

這就是億萬房產集團的一條龍服務模式，讓所有原本投資房地產會碰到的種種專業環節完全都沒負擔，既擁有資產，又無憂無慮。不增加額外成本，保證服務結果滿意，這才是集團全國獨一無二的一條龍服務。

以無私奉獻概念為主軸的服務

為何創辦人呂總會不惜每月投入龐大資本，建置這套帶給投資人最大福祉的一條龍平臺呢？

1. 專業無價

任何的投資，盈虧主要關鍵還是專業。專業其實可以分享，集團每個月也不藏私的舉行房地產各類實務專業分享。

然而，難道一個人必須要「學會」才能「做到」嗎？以房地產投資來說，如果要把各環節專業都學會才來做投資，可能時間已過去好幾年，都錯過最佳的投資時機了。

因此最好的方式是，學習還是要學習，畢竟對房地產懂越多，一生都有助益，但真正的實作不需要等到學會才能進行，因為這部分有專業的人來效勞。

2. 信念無價

　　許多時候，大家因為害怕而不敢投資，或因為信念偏差，在過往曾經留下遺憾的投資紀錄。正確的信念可以養成，但需要在一個好的環境。為此，億萬房產集團打造一個正向學習的上課環境，除了傳授專業，更重要的就是傳達正確的購屋理念，也鼓舞大家正確理財。

　　此外，實做也可以加強信念。原本對投資抱持懷疑的人，當實際上投資獲利後，就能夠建立信心了。因此，有別於其他仲介公司一味鼓吹大家買屋、賣屋，但後果好壞自行負責，億萬房產集團做的卻是「協助」大家買屋、賣屋，把困難的事交由專業人員來做，獲利果實由投資人享受。

3. 經驗無價

　　經驗的取得有兩種模式，一種是好的經驗，另一種就是壞的經驗，但對新人來說，往往壞的經驗居多。然

　　而投資往往動輒十萬、百萬元，壞的經驗就是，只有親自下海賠了幾次才看清理財的陷阱，但這代價也未免太大。也因此，投資房地產更讓許多人視為畏途，而一個人一輩子又能承擔幾次百萬元規模的虧損呢？

　　可是難道就這樣放棄投資房地產了嗎？

　　億萬房產集團的模式就是把困難的交給公司來做。但同時間投資人也可以參與每一個環節，直接經歷了「好的經驗」。

　　一次買屋成功，第二次就更加熟悉。植基於這樣「把自身的專業、信念、經驗，分享給每一個人」，所以有了億萬房產集團的誕生。這也是集團可以年年茁壯的主因，基於善的念頭，因此開枝散葉，長成企業成長的大樹。

Chapter 23
一條龍服務解決各種疑難雜症

投入房地產市場近十年來，我看到許多人因為正確投資房地產而讓生活品質提升，但也看到更多的人因為種種原因，年復一年錯失了本來可以進場投資的機會。最常見的兩個原因，其實也正是現代人經常煩惱的兩大生存要素：**一個是金錢，一個是時間。**

經常聽到大家抱怨，不是有閒沒錢，就是有錢沒閒，更糟的狀況是沒錢也沒閒。以買屋來說，沒錢那不消說，就是指沒錢買房子；沒閒就是沒空去處理房地產相關事宜。

然而，沒錢或沒閒這樣的狀態若不去改變，那麼今年如此，明年也依然如此。而其實房地產往往是一個突

破的關卡，一個原本經常擔心錢不夠用的人，藉由正確
的房地產投資，可以帶來財務轉型；至於沒時間處理房
地產的，解決方案自然就是找到好的房地產機構，讓一
條龍式的服務解除一切煩惱。

🏠 解決沒錢沒閒等各種投資問題

　　很多人沒有買屋的原因，有人是因為資金問題，有
人則是擔心沒時間處理後續狀況。當然，買房這種「人
生大事」是必須謹慎的，可是也別忘了，投資時機是不
等人的。

　　我經常帶客戶去看房子，但每個月都會發生這類的
狀況：例如有一對夫妻看中一間兩人都很滿意的房子。
不過買屋這麼重要的事自然要和家人商量，於是雙方的
父母都分批前來賞屋，回去還要開討論會之類的，結果
他們還在開會時，就接到我的電話：「你們不必再討論
了，房子已經賣出去了。」

但到底要怎麼辦呢？投資幾百萬元這樣的大事，難道不能和家人仔細討論嗎？可惜市場不等人，好的物件可以在釋出兩、三天內就被買走。

如果背後有一個專業團隊，一個讓人無後顧之憂的團隊，這個團隊已有上百個成功實績了，投資人就可以省掉那些猶豫、評估的時間。因為：

1. 房屋已經經過專業團隊篩選

以億萬房產集團為例，買屋的朋友必須先經過財務諮商過程，這道流程讓團隊可以清楚了解投資人的購屋實力及購屋喜好，據以安排符合投資人需求的物件。

例如經過集團篩選，現階段市場有五十間不錯的物件，但其中只有十間符合投資人的預算及喜好房型，那就只針對這幾個物件賞屋就好。如此大幅節省投資人時間，並且由於這些房子已經經過篩選，可以更契合投資人的需要。

2. 房屋投資背後有後援團隊

　　大部分時候，大家買屋會猶豫不決，因為對後面的事情不確定。到底「不確定」什麼呢？說實在話，投資人本身不那麼專業，也不一定說得出所以然來，反正就需要找家人一起討論。但一群不專業的人聚在一起，也不一定討論得出什麼來。

　　如果從一開始就知道買屋的每一個環節，而且自始至終都有專業團隊把關，那麼投資人就不需要擔心了。

3. 不只是問題支援也是投資顧問

　　當買賣房屋碰到各種狀況時，都會有團隊成員出來協助解決，自然可以大大減少投資人購屋的壓力。可是單單這樣還不夠，投資人希望的是不要碰到問題再找人解決，最好是不要發生問題，而更好的狀況就是團隊不只解決問題，還可以「超前部署」，提供建議。

　　以投資房地產來說，最典型的投資需求就是希望有

人告訴我們「何時該賣屋」，這部分的服務，一般房仲是不會做的，他們都是在房屋成交後就任務解除，但對我們的一條龍服務來說，房屋成交那一刻並不是任務結束，而是新任務的開始，我們會服務到將房子以投資人滿意的價格賣出為止。

　　不論是「沒錢」或「沒閒」的問題，透過一條龍式的專業服務都可以解決。沒錢的部分牽涉到資金規劃，一個人以為自己沒錢，並不代表真的沒錢，這部分在前面介紹過。至於沒閒，如果透過一條龍式的服務，自然可以為投資人省下大把的時間。

　　試想，光以房屋出租這件事，原本投資人必須花時間刊登出租廣告，之後接一通又一通的電話，並且要花好幾天的時間帶人去看屋。正式出租後，可能還得面對房客的不同狀況，若哪裡燈泡壞了或馬桶不通等等，光處理就會耗掉一個下午。但透過一條龍式的服務，可

以把這些時間還給投資人，讓投資人有更多時間陪伴家人，所以是原本擔心「沒閒」者最佳的選擇。

🏠 其他相關疑慮化解

除了沒錢、沒閒而不敢投資房地產外，這裡也整合了多年來接觸過不同投資人的擔憂。

1. 怎樣保證有足夠的好的物件案源？

相信對很多投資人來說，為何覺得買房子要花很多時間？那是因為光找到合適的物件，尋尋覓覓就已曠日廢時。為何億萬房產集團可以保證提供夠多的案源，並且這些案源都有基本的可投資性呢？

關鍵就在於專業分工，集團的制度讓開發人員可以全心投入在地深耕，已在桃園地區建立綿密的資訊網，這樣的團隊成員分布在整個大桃園地區，市場上有任何的新物件釋出，團隊都可以掌握到第一手消息。

2. 老王賣瓜自賣自誇，大家都說自己瓜甜，但有足夠
　　例證讓人放心嗎？

　　這一點也是集團服務的優勢，因為結合一條龍式
的服務，一方面緊密服務客戶，二方面也和客戶建立了
長遠的關係。只要是集團的學員，都可以透過上課的方
式，每個月來課堂上吸收資訊，也建立起更強大的合作
連結。截至 2021 年 2 月為止，已有超過 4000 名學員參
與，他們全部都是最佳的見證。

　　包含實際買屋投資成功的案例，包含享受一條龍服
務的真誠感謝等，不需要為了採訪安排特殊個案，因為
我們有上千個可以無私分享的真正個案。

3. 都說投資會賺錢，但我什麼都不懂，怎麼知道你說
　　的是真的？

　　投資賺錢不能賭運氣，賺錢背後一定有合理的理
由，這些理由不是單靠業務員舌燦蓮花就可以讓投資人

信服的。與其把焦點放在業務員的口才上，不如「讓事實說話」。事實來自哪裡？來自政府具備公信力的各類統計數據，也來自大家肉眼可見的具體建設進度。這些資訊怎麼看？若是一般投資人，必須在家做功課，但也不一定找得到資料。

　　然而在億萬房產集團，每個月都有固定開課，分享最新的建設資訊和政府公告，因此，包含捷運進度到哪裡、桃園藝文特區目前房價漲到什麼地步等，來課堂上都可以聽到第一手資訊。這些都是「事實」，投資人可以安心。

4. 為何聚焦桃園？

　　集團的專業，包含本書分享的基本投資知識，在全臺買屋都可以應用，我們的服務精神也針對來自各縣市鄉鎮的朋友一體適用。

　　但我們的主力聚焦在桃園，則是秉持著一種專業負

責的態度，其他地區我們不敢保證，但桃園地區絕對是我們可以百分之百掌控資訊的地方。

投資致勝植基於基本的建設事實，我們不會說投資哪裡都可以，而是說話有憑有據的，拿出具體證據，就是要搭配捷運建設才行。我們也清楚的向投資人說明，現在已經都可以明確看到，捷運發展是條引領成長獲利之路，但除非你加入這個投資行列，否則，捷運沿線發展的好壞都與你無關。

類似的案例在過往一、二十年已經發生過，當時的場景是在臺北，許多人眼睜睜看著房子每坪從 10 幾萬元一路飆漲到 7、80 萬元以上。現在只是把場景移到桃園，所以我們聚焦在桃園。

5. 億萬房產集團的投資建議，是「最賺錢」的嗎？

在房地產所謂的「賺錢」，最典型的認知就是買入和賣出的中間差價，價差越大就越賺錢。若以此角度來

看，我們集團不代表最賺錢，那並不是我們的目標。我們的目標是讓投資人「安心買房」，透過一條龍式的服務，照顧到投資的每個需求。

至於獲利，我們植基的是「趨勢」，也就是預期至少在 2028 年前投資捷運建設都是有獲利空間的，當然，不同時間賣出就會有不同程度的獲利。

談起最賺錢，有人投資法拍屋，可能用差不多市價的七、八折就能買到，未來甚至有機會以當時市價賣出，這當然是「最賺」的情況，但其中的風險以及各類不可預料的狀況也最多，並且現在市場也不容易找到七、八折的法拍物件。

其他可能「最賺」的投資，像是有人投資期貨、有人投資貴金屬、有人投資虛擬貨幣等，結果如何充滿太多的未知數，與其讓心情整天像雲霄飛車般高高低低，不如找不一定「最賺」但肯定「穩賺」的投資，安心幸福過日子更重要。

　　總之，人人都想要賺錢，但賺錢第一需要專業，第二需要機運，第三需要投入相當的時間毅力。這樣的道理在各行各業都一樣，例如在職場上奮鬥，也是夠專業的人才會被公司看重，但要搭配機運碰上賞識你的主管才能步步高升，然後假以時日爬到高位。

　　原本投資也是如此，必須靠專業才能賺到錢，也同樣必須加上機運並付出相當的時間毅力。然而，像我們集團這樣的機構，可以讓一般人即使少了這些賺錢要項，也依然可以投資賺錢。因為：

1. **專業**：集團一條龍各環節有各環節的專業。
2. **機運**：目前投入桃園捷運建設，正是機運所在。
3. **時間**：不需要擔心沒時間，因為最花時間的事，集團一條龍式的服務都會協助做到。

　　最終，投資人要具備的就是在財務顧問規劃下，以可承擔的預算投入桃園房地產，並且相信專業。從零開始讓你踏入致富的行列，這就是集團一條龍的魅力。

Part 6

總和建議篇

投資利多已擺在眼前，做出選擇加入獲利行列

主述者：億萬房產集團首席顧問／簡華緯

主述者簡介

身為億萬房產集團的首席顧問，簡華緯是創辦人呂總的得力助手，藉由演講及一對一諮詢幫助成千上百人，包括本書其他作者也都接受過其指導。簡華緯本身也是《從零開始賺一億3》的作者群之一，他結合原本強大的行銷力，整合集團資源，為客人做最佳的投資理財諮詢輔導建議，也對房地產市場有充分了解，具備房市發展遠見。目前已擁有 20 間房子，年收入超過千萬元，是集團的重要領導人之一。

前面幾位老師，透過不同的角度分享了房地產投資的優點，以及如何藉此改變人生，接下來則由我來做歸納總結。這裡必須強調，雖然金錢重要，畢竟我們談那麼多房地產投資的觀念，也是想要更有效率賺錢，但是對我們團隊來說，有一件事更重要，那就是幫助別人實現夢想，是我們最開心的事。

當我們自己透過學習賺到錢，那樣很開心，因為我們人生很多的夢想都因此得以實現，這也是團隊很多夥伴都已達到的境界。但我們已將理想升華到另一層境界，就是開心幫助別人賺錢。

感恩呂總對我的提攜，讓我如今可以聰明理財賺到錢，並且每天都非常快樂，因為我持續在幫助別人也賺到錢。

自己賺錢的同時，也看到別人因為自己的協助而賺錢，那實在是人生至樂。如今我經常跟著呂總出來演講，幫助別人，這真是很大的福報。

Chapter 24

投資房地產 5W1H

　　我們從幾個角度來介紹投資桃園房地產的優點，整體來看，我們可以用 5W1H 的不同面向來做綜合歸納：

🏠 WHY

為什麼要選擇投資房地產？為何特別推薦桃園房地產？

　　經過事實驗證，以過往十年來看，當碰到大環境不景氣或金融震盪情況時，各種投資工具都有高低起伏甚至崩盤的危險，唯有房地產整體趨勢是往上漲的。而房地產也是所有投資工具中唯一進可攻、退可守的選擇，就算不銷售也可以出租，就算不售、不租，也依然是自己的資產。

　　投資房地產安全、穩健、低風險，至於投報率，各縣市、各區域的情況不同，我們會特別推薦投資桃園地區，就是因為搭配捷運綠線以及周邊重大建設興建，看準這裡是最佳的投資選擇。

🏠 WHEN
何時是最佳進場時機？何時又是最佳售出時機？

　　以捷運綠線來說，這是一個重要的政府建設計畫，也有明確的施工及預計完工進度，參考雙北捷運發展經驗和全臺重大建設影響力來做分析，雖然不同地段有不同的考量，但整體來看，整個捷運綠線施工期間預計到2028年前，越早進場就越能享有房價增值的投報空間。

　　進場時機越早越好，至於何時售出則需依個別狀況專業諮詢評量，基本上放越久增值空間越大，但以時間成本來看，如果一段時間後獲利了結，再投入其他相對低點的物件，繼續賺增值報酬，可能是更彈性的選擇。

🏠 WHERE

哪裡是最佳購屋地段？有沒有更精確的必勝投資地點？

房屋買賣雖是一種投資工具，但本質上是屬於個人的資產，如果是喜歡的物件也可以自住，以這樣的角度來看，每個人投資考量的視角就會不同。所以並沒有絕對最佳的投資地點或物件，只有依照不同投資人的相對優勢選項。

若以整體來看，本書第一篇已針對桃園不同區的發展做了詳盡的分析，可做為投資購屋人的參考選擇。

🏠 WHO

誰應該來做投資？要符合怎樣條件才能投資？

這也是本書一大重點，前面各章不同老師以不同的角度說明，強調的是很多人都有資源可以做房地產投資，只是受困於舊有觀念或錯誤的財務判斷，以為自己不夠格買屋。事實上，經過專業財務諮詢後，許多原本

自認為不能買屋的人，最終都有能力買屋，實務上我們已幫助上千人成功投資房地產。

　　本書除了鼓勵大家投資房地產外，呂玟德和宋子聰兩位老師更特別鼓勵年輕人趁年輕就投入房地產。羅昱婷老師則以財務規劃角度，舉出不同案例來做分析。

🏠 WHAT

投資應該注意哪些重點事項？有哪些要強調的環節？

　　若談到實務面，投資房地產的確要考量很多層面，首先必須挑選物件，評估房屋格局以及環境條件，挑選到滿意物件後，還需懂得如何請仲介協助議價，這中間有談判的學問，也有一定的時效問題。

　　而就算買賣雙方價格談妥，之後還有交屋、代書作業、貸款、稅務等流程，實際交屋後又要面對裝潢修繕的問題。若是選擇投資而非自住，還需要考量出租及如何獲利出售等問題。

　　不同的購屋實務，在這一系列書籍中都有介紹。本書我們以整合的角度，著重在觀念及再次提醒。實務上的各項專業環節，則有專業的一條龍服務來協助。

🏠 HOW

知道及早投資桃園房地產很重要，但是要如何開始呢？第一步該如何進行？

　　第一次參與桃園房地產投資的朋友，建議可以先加入類似「億萬富翁訓練機構」這樣的專業房地產集團學習，藉由上課及請教專業顧問，獲得投資的建議。

　　最開始的步驟會是一對一諮詢，這樣才能了解每個人的財務狀況和投資意向，在分析每個人的狀況後，接著再配合顧問群的投資建議，搭配當時市場釋出的物件進行投資選擇。

　　一旦做了選擇，再之後的種種流程都不須擔心，一條龍服務的每個環節都有專人協助處理。

Chapter 25
專業人士也一致肯定的投資抉擇

相信讀者對於如何進行房地產投資選擇，應該已有更多的了解，最後我以兩個實務案例，藉由不同案例所碰到的狀況，讓有意投資的朋友參考。

案例一：專業投資人，比不上專業團隊的綜效

投資人：板橋陳小姐

背景：本身原本就對投資有興趣

經營事業有成也擅長投資的陳小姐，雖然過往有著不錯的投資實績，但對她來說，房地產投資還是與其他數字導向型投資不同，房地產包含很多專業環節，要

與很多人互動，包括仲介、買賣方、代書、銀行承辦窗口，乃至於租屋房客等等。

她知道要投資房地產不能閉門在家看財報就好，必須與人互動。若要第一手掌握到好的案子，就必須和仲介保持良好關係，甚至還必須經常請客，但就算和仲介打好關係，也不代表就能找到好的物件，她依然覺得投資房地產光是前置作業就耗費她很多時間，結果也經常不如預期。

此外，每一次的投資都牽涉到高額的資金調度，若做了一個物件投資，之後又發現更好的機會，又得另外籌錢。再者，她原本以為當包租婆可以長期享受非工資報酬，實務上報酬雖有，但是遇到的麻煩事也不少。

有時工作正忙到不可開交時，偏偏接到房客的來電，對方也是氣急敗壞的怒斥屋子問題，陳小姐也不好和房客鬧不愉快，只能忍氣吞聲直道歉說下班後會去處理，往往得職場及房客那邊兩頭跑。有一回她和家人去

外地度假，為了租屋的事被迫必須把家人留在飯店，自己趕回來處理，真的苦不堪言。

　　總之，陳小姐本身懂得投資，也有房地產實務投資經驗，但對她來說，房地產投資這件事實在是又愛又恨。直到有一天聽到介紹，來到億萬房產集團聽分享會才發現，她的許多煩惱，如果背後有專業團隊來處理，那麼房地產投資就可以保留優點，至於那些麻煩事，也是交給專業團隊處理就好。

　　對我們團隊來說，每個來做諮詢的人都是貴賓，不論是完全的投資素人，或者是像陳小姐這樣原本就具備投資實力的人，我們都一視同仁，審慎專業的接待。

1. 一對一諮詢是必要的步驟

　　投資要知己知彼，常見的情況是有的人自以為「知己」，其實他並不知道自己的財務狀況，往往要經過一對一諮詢才恍然大悟。

　　市場上有很多房仲服務品牌，但能夠做到充分諮詢的並不多，往往還是業務導向，有人來買房子，對業務來說是最開心的事，至於買屋後發生怎樣的狀況，並不是那些房仲業務關注的事。

　　例如有人明明財力只夠買 600 萬元的房子，卻被游說買到 900 萬元的房子，就算房屋貸款過關了，但從此該投資人每個月必須把賺的大部分錢拿來繳房貸，變成「屋奴」，面對這樣的悲劇，房仲業務只會撇清關係，認為投資是個人選擇，與他無關。

　　正確的作法是一開始就做一對一的諮詢，了解有沒有購屋實力、該做怎樣的投資選擇？這些都需要專業的建議。

2. 貸款真的是一門學問

　　就算找到喜歡的投資物件，財力也足以負擔每月的貸款，即便如此，貸款依然是一項很專業的環節，因為

不同銀行就有不同的做法，利率及特殊注意事項也各不相同。例如同樣的條件，A 銀行跟 B 銀行的貸款結果可能就不一定都核准，因為在審核過程中，各銀行關注的焦點也不同。

貸款雖是個人的事，仲介不可能代替投資人去做貸款，但至少專業人員可以事先提供輔導協助，並且這部分的專業還必須細緻到列出清楚的表單，進行一對一諮詢時，針對個人的所有資產、負債等做好分析。

但外面的仲介只專注在買賣房屋，不會有專門的貸款部門，頂多委託代書協助提供你各家銀行的聯絡方式，後續還是要靠自己的本事去辦理貸款。

光是以上兩點，陳小姐過往投資房地產就經歷過很多狀況，直到認識億萬房產集團，發現這些事竟然都可以服務周到，讓她省去不少投資煩憂。再加上後續房屋成交後，有專門的租屋部門幫她把房子管理得好好的，

再也不會接到任何來自房客的電話。

　　陳小姐的感觸是：如果早些認識億萬房產集團，她便可以省掉許多時間去做其他投資了。的確，個人再怎麼專業也無法十項全能，現在是全方位的社會，有整個團隊來為自己服務，才是最佳的服務。

案例二：就算是專業投資團隊，也需要一條龍服務

投資人：臺中莊先生

背景：本身就是投資團隊

　　這個案例也很特別，投資人本身背後就有一個團隊，甚至在他們當地也是知名的房地產投資機構，但就算這樣的單位，也依然看中億萬房產集團的整合實力，願意委託我們來做服務。

　　這位來自臺中的莊先生所建立的團隊，基本的服務簡單來說就是「聯合購屋」，對於許多現代人來說，擔

心自有資金不足，或覺得可能想將資金分散投資在多個
物件上，聯合購屋便是一種流行的選擇，在臺灣許多縣
市都有這類的團隊。

　　如何選屋？如何籌資？如何分配任務？誰負責擔任
貸款？誰負責後續裝潢監工⋯⋯等等，每個團隊都有一
定的遊戲規則。這類的團隊規模大一些的，如同莊先生
這樣已設立公司，甚至還有自己的工班，可以協助團隊
購屋後的整修裝潢等。

　　這類團隊的最大優點，就是每個投資人相對財力
不需要那麼雄厚，以投資比例拆分，例如自備款 100 萬
元，每人只要出資 10 萬元，就可以擁有這間房子十分
之一的產權。當然這不是指房屋權狀上會註明你擁有十
分之一的權利，而是以契約訂定的方式，拆分未來的投
資獲利，例如賣屋賺了 100 萬元，除了拿回本金 10 萬元
外，還可以依十分之一的比例拿到獲利 10 萬元。

　　以上只是大致說明，實際上的規則更複雜，不完全

　　依照出資比例，通常每個專案負責人可以拿到更多的分
潤比例。

　　只是這類的運作過程中會增加很多額外成本，特別
是規模大到必須成立公司後，就要聘請行政人員以及負
擔公司基本營運水電、租金等費用。以莊先生來說，他
就發現人事方面的成本開銷非常大。

　　經過評估後，莊先生覺得與其自己建立團隊，統籌
各個投資購屋環節，並且還得面對一堆麻煩事，不如大
家只要單純當投資人，後續的事委由一條龍團隊服務就
好。他們決定在桃園就採取這樣的方式，後續也不用另
聘專人做租屋管理，也不用找工班維修房子了。

　　如果連在原本縣市運作有一定實力的房屋投資團
隊，最終都選擇改變自己的經營模式，選擇委託我們
進行投資，這更證明了我們這套制度帶給投資人許多便
利，可以說整個投資期間，投資人完全沒有後顧之憂。

　　總之，本書所列的每個案例，包含各類的狀況，從完全沒投資經驗的素人，甚至才 25 歲的年輕人，到不同財務狀況的個人，例如有人沒有存款、有人年紀偏大、有人原本已有房產擔心沒貸款額度，到專業的投資達人，甚至自己開投資公司的房地產投資團隊……，最終大家一致的投資選擇，都是這套全臺獨一無二的一條龍式服務。

　　而呂總自始至終都不改其衷，服務於桃園、專注於桃園，也持續以實例見證投資的績效，這樣的案例年復一年，已為超過千人帶來了具體獲利。

結語

跟你分享寶貴的人生智慧，
請你真的要把握機會

主述者：億萬房產集團創辦人／呂原富

主述者簡介

有「房市鷹王」之稱的呂原富，小時家境貧窮，成長之路常思考如何成為有錢人。於是進入房地產界，從房仲開始做起，賺到五、六千萬元後，再次投資期貨，結果又歸零。至此，從未在房地產賠過的他，決定再也不碰股票期貨，專心於房地產，至今已擁有 300 位團隊成員。

放眼坊間各類的投資理財書，很少有作者那麼苦口婆心，除了不斷透過公開演講進行呼籲，鼓勵大家把握可以翻轉人生帶來富貴成長的機會，並且每隔一、兩年還會透過出書的方式，不厭其煩一而再、再而三強調：我們已經把可以致富的機會及方法不藏私都分享出來，你只要願意行動，就可以搭上這波桃園捷運建設的商機。

　　也許讀者內心裡還有疑慮，有的人對於動輒百萬元的數字有心理壓力，有的人對於踏出投資理財這步所可能面臨的風險感到畏懼，還有其他各式各樣關於信心與憂慮、關於專業 Know-how 不足，以及種種對自己是否可以買屋的懷疑。當面對可能改變人生的重大抉擇時，這些都是正常反應。

　　其實讀者們不要擔心，就好比大家說談戀愛的感覺是既期待又怕傷害，投資房地產攸關一生的幸福，對初次接觸的人來說，很多人會經歷心中的天人交戰，但我們可以試著從最簡單的見面諮詢開始。

　　所謂諮詢就是你提出問題，我們專業顧問面對面來為你解答，這只是一種基本的求知，並不需要什麼壓力。一旦你願意試著去了解自己是否有能力購屋，以及可以怎樣透過規劃好的投資改變人生。帶來的正面影響，將讓你興奮之餘，還會想著怎麼沒有更早來學習與參與這樣的投資。

本書最後衷心的提醒，我真的請尚未體會房地產如何改變人生的朋友們，要懂得把握機會。在此，我也分享兩個跟改變人生有關的重點觀念。

🏠 改變人生的兩個重要觀念

我本身很熱愛學習，也以身作則、知行合一，學中做也做中學，從當年幾乎一無所有，後來創立了年營業額超過 4 億元的億萬房產集團。如何從零開始賺一億，關鍵的突破點很多，在此我特別要分享兩個非常重要，跟改變人生有密切相關的重要觀念。

第一、學習

每個人可能處在不同的狀態，有人得意、有人失意，得意者不要自滿於現狀，要設法更上一層樓；失意者絕不能故步自封，一定要想方設法去突破。然而兩者都有一個共同點，突破的關鍵都是學習。

　　學習是如此重要，當一個人放棄學習，幾乎就等同放棄自己的人生。而在諸多學習中，我特別要強調學習房地產投資的重要。

　　當一個人習慣於傳統思維，想都不想就認為自己不可能買房子，整個人生就會被困在這個觀念裡。其實改變一點都不困難，只要願意學習，原本的困局就會豁然開朗，你會知道，原來「我也可以投資房地產」。

　　如果對現在的人生感到不滿意，覺得「難道這輩子只能這樣子」，不要懷疑，當你學會房地產投資，那時就可以讓人生「不只是這樣」，原本平凡的人生，變成可以月入百萬元以上。那不是白日夢，而是真真確確很多人已經實現的夢想。

第二、貸款

　　如果說學習是成功的關鍵，那麼我還要說，懂得貸款是「快速成功」的關鍵。以我自身為例，我能夠短短

幾年內由零開始到成立營業額超過 4 億元的企業集團，懂得掌握「貸款」的智慧，真的很重要。

事實上，很多人原本不敢投入房地產，後來終於參與投資享受獲利的喜悅，其關鍵的轉折，就是找到貸款的奧妙。

相信讀者在前面幾位老師的專業分享中，透過許多案例也知道貸款扮演著重要的財務槓桿角色，為了幫助讀者更加了解貸款的神奇，最後就再舉兩個貸款改變人生的案例。

🏠 貸款改變人生的案例

前面已介紹過不同行業、不同背景的朋友都可以投資買屋的案例，這裡要舉的則聚焦在「懂得貸款」這件事帶來的人生大翻轉。

案例一：從最窮的有錢人變成真正的有錢人

◆改變前

在一次分享會中，有一個 60 多歲的長者過來找我諮詢，看他表情愁苦，還未開口就屢屢嘆氣。我關心的問他：「這位大哥，你怎麼了？」

於是這位長者娓娓道來，談完人生的種種坎坷後，他如今的現狀，年紀已經 65 歲，無力工作，靠著當年母親過世遺留的積蓄，也逐漸要坐吃山空，他現在每個月大約需要花費 3 萬元，眼看著日子一天一天下去，手上的積蓄只出不進，未來一片黯淡。

於是我細問他的資產背景，一問才知道，原來他名下還有一棟現在市價大約 2000 萬元的房子，並且貸款早已繳清。我就說：「這位大哥，你其實很有錢，是千萬富翁啊！」

他不以為然的說：「空有千萬房產有什麼用？我就

住在裡面，總不能叫我賣房子然後露宿街頭吧？」

這就是典型的「最窮的有錢人」，他住在千萬資產裡，每天卻過著苦哈哈的日子。

◆改變後

我告訴他：「大哥啊！ 2000 萬元的房子只是拿來居住，太可惜了吧！」於是和他解析有關金融體系的運作，講著講著他終於恍然大悟，於是依照我的建議，做了以下的處置：

1. 把這棟位在臺北市價 2000 萬元的資產，以符合市場行情的價格出售。

2. 現在他手頭上有 2000 萬元現金了。

3. 億萬房產集團協助他在桃園找到優質的三間物件，這三個物件分別以 600 萬元、650 萬元以及 620 萬元買進，全部以現金交易，共花了 1870 萬元，他的戶頭裡還有 100 多萬元可以當生活

備用。

4. 這三個物件，其中一間做為自住用，其他兩間很快就找到承租人，短時間就租出去，並且每個月有 3 萬元租金進帳。

5. 結果這位長者如今不但擁有三間房地產（而且處在年年增值的地段），戶頭有足夠的生活費，每個月還有 3 萬元的被動收入。

請教各位讀者，這位長者有中樂透或者得到意外之財嗎？並沒有，但他的人生為何有著全然翻轉，簡直可以說從地獄到天堂般的轉變差距呢？關鍵就只在一個念頭轉換，將資產活用，於是就改變了人生。

當然讀者要問，這個案例中，長者並沒有貸款啊！是的，他沒有貸款，而且若真的要貸款，以他的年紀也比較困難。但重點在於重新認定資產的價值，本案例是把房子直接賣掉，用現金轉戰桃園房市。而同樣的道

理，房子也可以不需要賣掉，改採取貸款的形式。總之，所謂「不動產」並不是真的「不能動」，結合貸款的學問，就能兌換出改變人生的資金。

案例二：從雙手奉上金錢給銀行的債奴，變成讓銀行為你效勞的贏家

◆改變前

以下的案例，就是用貸款創造奇蹟。

這是一對夫妻，表面上看來也是光鮮亮麗的，夫妻都是高知識分子，在不同企業擔任管理職，兩人月收入加起來超過 16 萬元。

看來經濟狀況不錯的這對夫妻，與我諮詢時卻是愁眉苦臉的哀歎人生無趣。為什麼？因為他們徒有帳面上的高收入，實際上過的生活卻是捉襟見肘，連多年來渴望的出國夢都無力達成。

原來這對夫妻過往以來積欠了 120 萬元的卡債，每個月光是負擔最低應繳金額就要付出 10 萬元，家中還有兩個孩子，光是生活費就很吃緊了，逼不得已經常還是得繼續刷卡，墮入利滾利、債務永遠還不完的痛苦深淵。所以，收入高也不代表生活好，利息會吃掉每月賺來的錢。

然而水能載舟亦能覆舟，利息可以是沉重壓力，卻也可以是致富契機，關鍵就在於善用貸款。

◆改變後

如同往例，當客戶有問題諮詢時，我會先詢問對方的財務狀況。一問之下才知道，這對夫妻其實名下有祖傳的兩間房子，而且貸款也都已繳清。

當我問起房子的事時，這對夫妻納悶的問，他們知道房子有價值，但難道要賣房子變現過生活的意思嗎？我告訴這對夫妻，他們平日善於經營事業，為何沒有想

通一個道理：同樣是負債，自然應該選利息低的負債。

這麼多年了為何都沒想通，可以用房貸的低利息，取代掉信用卡那無底洞般的可怕利滾利呢？夫妻倆終於恍然大悟。

我建議的處置方式是：

1. 名下兩間房子，把其中一間做原屋增貸，另一間保留著先不去動它。依照市價，那間房子可以再增貸 800 萬元。

2. 這 800 萬元頭一個用途，就是連本帶利徹底結清那 120 萬元卡債。

3. 剩下的 680 萬元，我建議他們投資桃園區的房地產，於是就把 680 萬元拆成三筆，做為三筆自備款，分別以先生名義、妻子名義以及女兒名義各買一間房。資金分配如下：

投資物件	原價	自備款	貸款
A 屋	920	200	720
B 屋	660	110	550
C 屋	800	160	640

（單位：萬元）

4. 原屋增貸 800 萬元，扣除掉三筆自備款加總共 470 萬元，還有餘錢可以做裝修以及生活預備金。

5. 每月負擔如下：

A. 原屋增貸 800 萬元，以前兩年純利息計，每月約 12000 元。

B. 三間桃園投資的房子，每月貸款利息加總約 11000 ＋ 8300 ＋ 9600 ＝ 28900（元），以上四筆加總，每月應繳利息共 40900 元。

6. 三間房子分別以月租 16000 元、12000 元以及 18000 元出租，每月可收 56000 元租金。

7. 每月租金減掉每月利息

56000－40900 ＝ 15100（元）

善用貸款的結果，是不是讓生活有著天壤之別？原本每個月大部分錢都被高達 10 萬元的卡債吃掉，生活品質低落。現在每個月再也不需要繳任何卡債，夫妻倆不但每個月全部的收入 16 萬元可以靈活運用，並且還有房屋出租的每個月 15100 元的額外進帳，別忘了，他們名下還擁有五間房地產。

看完這些案例後，讀者是不是覺得很神奇？但是又會想，怎麼他們原本沒想到呢？事實上就是有很多的人一直用舊思維思考事情，每個月為錢所困卻沒辦法開竅。如果可以幫助更多類似這樣的人，讓原本痛苦幾十

年的人生，一夕間透過貸款徹底翻轉人生，這正是我們念茲在茲不斷演講分享的深意。

所以再次強調：

學習可以幫助成功，學會貸款則可以快速成功。

讓我們轉換觀念，尋找改變生活的契機。也歡迎讀者們積極來參與億萬房產集團的課程，共同學習成長以及致富。

億萬房產集團

客服部電話：(03)356-0608

Facebook：億萬房產集團 - 億萬富翁成功講座

https://www.facebook.com/54ewfo

億萬之星相關媒體QRcode

YouTube　　　Facebook　　　Line@生活圈　　　官網www.bs168.com.tw

從零開始賺一億 4

跟著捷運建設投資，最後上車機會

作　　　者／呂原富
美 術 編 輯／孤獨船長工作室
責 任 編 輯／許典春
企畫選書人／賈俊國

總 編 輯／賈俊國
副 總 編 輯／蘇士尹
編　　　輯／高懿萩
行 銷 企 畫／張莉滎・蕭羽猜・黃欣

發 行 人／何飛鵬
法 律 顧 問／元禾法律事務所王子文律師
出　　　版／布克文化出版事業部
　　　　　　臺北市中山區民生東路二段 141 號 8 樓
　　　　　　電話：(02)2500-7008 傳真：(02)2502-7676
　　　　　　Email：sbooker.service@cite.com.tw
發　　　行／英屬蓋曼群島商家庭傳媒股份有限公司城邦分公司
　　　　　　臺北市中山區民生東路二段 141 號 2 樓
　　　　　　書蟲客服服務專線：(02)2500-7718；2500-7719
　　　　　　24 小時傳真專線：(02)2500-1990；2500-1991
　　　　　　劃撥帳號：19863813；戶名：書蟲股份有限公司
　　　　　　讀者服務信箱：service@readingclub.com.tw
香港發行所／城邦（香港）出版集團有限公司
　　　　　　香港灣仔駱克道 193 號東超商業中心 1 樓
　　　　　　電話：+852-2508-6231 傳真：+852-2578-9337
　　　　　　Email：hkcite@biznetvigator.com
馬新發行所／城邦（馬新）出版集團 Cité (M) Sdn. Bhd.
　　　　　　41, Jalan Radin Anum, Bandar Baru Sri Petaling,
　　　　　　57000 Kuala Lumpur, Malaysia
　　　　　　電話：+603-9057-8822 傳真：+603-9057-6622
　　　　　　Email：cite@cite.com.my

印　　　刷／韋懋實業有限公司
初　　　版／2021 年 3 月
定　　　價／300 元
ＩＳＢＮ／978-986-5568-37-5
© 本著作之全球中文版（繁體版）為布克文化版權所有・翻印必究

城邦讀書花園　布克文化
www.cite.com.tw　WWW.SBOOKER.COM.TW